SCENARIO ANALYSIS AND EVOLUTIONARY MECHANISMS OF
SUPPLY CHAIN RELATIONSHIP QUALITY AFFECTING THE
GROWTH PERFORMANCE OF NEW VENTURES

供应链关系质量影响新创企业
成长绩效的情景分析与演化机制

姜贺 ◎ 著

经济管理出版社
ECONOMY & MANAGEMENT PUBLISHING HOUSE

图书在版编目（CIP）数据

供应链关系质量影响新创企业成长绩效的情景分析与演化机制／姜贺著. -- 北京：经济管理出版社，2024.6. -- ISBN 978-7-5096-9736-8

Ⅰ．F274；F272.5

中国国家版本馆 CIP 数据核字第 2024195NT7 号

组稿编辑：杜　菲
责任编辑：杜　菲
责任印制：许　艳
责任校对：王淑卿

出版发行：经济管理出版社
　　　　　（北京市海淀区北蜂窝 8 号中雅大厦 A 座 11 层　100038）
网　　　址：www. E-mp. com. cn
电　　　话：（010）51915602
印　　　刷：北京晨旭印刷厂
经　　　销：新华书店
开　　　本：720mm×1000mm/16
印　　　张：15.25
字　　　数：235 千字
版　　　次：2024 年 6 月第 1 版　　2024 年 6 月第 1 次印刷
书　　　号：ISBN 978-7-5096-9736-8
定　　　价：88.00 元

　　本书的完成得到了相关课题的支持，包括郑州经贸学院重点学科建设项目、23YJC630067、20240106008、20240106013、222102320452、2022GZGJ38、2022-MBJYZXKT-014、2021XJYB01、2021GZJG01、2021ZDJS118、GD20XGL19、2019GXJK072、2021GXJK214、2021GXJK447等，在此一并表示感谢！

前　言

在新常态下，我国经济结构正在发生根本性变化：我国经济增长出现速度回落，从高速增长换挡为中高速增长，更加强调发展的内在质量。同时，新创企业也面临着严峻的考验。在机遇和挑战并存的现实情境下，为了在激烈的市场竞争中生存下来并健康成长，必须研究新创企业的成长动力和关键促进因素，实现供给侧结构性改革背景下新创企业成长绩效的提升。

基于我国"双创"背景以及国家政策支持，新创企业如何抓住发展机遇，提升成活率以及竞争优势，是理论界和企业界都十分关心的问题。通过对文献的梳理发现，新创企业的成长是内外部因素共同作用的结果。新创企业由于"新进入缺陷"，需要与外部维持良好的关系来获取成长所需要的资源，因而面临的生存环境更为复杂。通过良好的供应链关系质量来获取所需资源，逐渐成为新创企业持续成长的有力支撑。而新创企业成长过程，既有着与成熟企业成长类似的规律，又有着特殊的发展过程。新创企业能否在激烈的市场竞争中有效地创造和传递价值，是赢得竞争的关键所在。总之，本书的核心就是以供应链关系质量理论为基础，以价值实现（价值创造和传递）为目的，探究供应链关系质量对新创企业成长的作用机制与演化机制。本书围绕"供应链关系质量对新创企业成长绩效的影响机制"这一框架，从两个方面对两者关系进行科学分析：一是供应链关系质量如何影响新创企业成长绩效？战略导向情景分析下其调节机制如何？二是供应链关系质量如何动态影响新创企业成长绩效？其演化机制如何？通过这两个核心问题的研究，对供应链关系质量影响新创企业成长绩效的内在机制进行系统剖析，形成了以下主要研究结论：

结论一：供应链关系质量对新创企业创新性成长绩效呈倒 U 型影响关系，对新创企业市场性成长绩效呈正向作用关系，并且创新导向仅在供应链关系质量影响新创企业创新性成长绩效的过程中具有显著正向调节作用，而市场导向在供应链关系质量影响新创企业创新性以及市场性成长绩效的过程中均具有显著正向调节作用。

结论二：供应链关系质量影响新创企业成长绩效的过程具有动态性，新创企业可以根据所处的发展阶段，与外部合作组织构建适宜的供应链关系质量。本书借鉴企业生命周期理论，根据新创企业发展过程中所处的不同阶段，分析影响供应链关系质量变化的因素和规律，探究新创企业供应链质量关系影响企业成长绩效的动态演化机制，使得新创企业能够根据自身发展阶段的动态变化构建适宜的供应链关系质量，从而促进成长绩效。

本书通过实证分析，以供应链关系质量理论为基础，探索性地对供应链关系质量影响新创企业成长绩效的调节机制与演化机理进行研究，具有一定的理论贡献。

理论贡献一，揭示了供应链关系质量影响新创企业成长绩效的作用关系以及调节机制，即供应链关系质量对创新性成长绩效的倒 U 型关系、对市场性成长绩效的正向作用关系以及创新导向和市场导向在供应链关系质量影响新创企业成长绩效中的调节机制，厘清了部分学者片面认为供应链关系质量对企业成长绩效的单纯倒 U 型或者单纯正相关的分歧性结论，推动了新创企业供应链关系理论的发展。此外，创新导向以及市场导向在供应链关系质量和成长绩效之间的调节作用机制，为新创企业采取合适战略促进企业成长提供了借鉴，具有重要的理论意义。

理论贡献二，探明了供应链关系质量影响新创企业成长绩效的演化机制，即基于动态演化视角，结合环境不确定性、资源禀赋及战略匹配等理论，分析了新创企业从初创阶段到完善阶段的供应链关系质量的演化及对新创企业成长绩效的作用机制，弥补了以前研究很少考虑时间视角下供应链关系质量影响新创企业成长变化规律的缺憾，从而分阶段提出促进新创企业成长的策略，为其他新创企业的持续成长提供了理论指导。

本书可以作为工商管理、物流管理、供应链管理、创业管理以及电商物流等相关专业教师和学生的参考用书，也适用于从事相关工作的研究机构、企业组织、政府管理部门等人员用书。

本书的完成得到了多项课题经费的支持，也得到了多位学者和老师的支持，曹永辉老师提供了案例素材并对第 3 章、第 6 章的内容进行了编撰，部分老师和研究生对文献收集做了一定的工作，在此一并表示感谢。同时，由于时间仓促和能力有限，书中难免有不当或者疏漏之处，敬请谅解。

目　录

1 绪论

1.1 研究背景

1.1.1 现实背景

1.1.1.1 推动新创企业发展已经成为我国经济发展和转型升级的重要战略举措

中国新经济创业繁荣发展，在过去的 10 年里，以 TMT 为主的中国新经济创业经历了一个黄金十年，政策的大力鼓励与扶持、移动互联网的发展机遇、风险投资热钱涌动，多方面的利好下中国新经济创业风生水起，截至 2020 年底，中国已经拥有 260 多家独角兽、数千家 IPO 企业，在这背后映射的是中国互联网应用与发展在全球实现弯道超车。

2011~2020 年，中国共出现新经济公司 13 万家。2011~2015 年，新经济创业逐年增长，在 2013 年"大众创业、万众创新"号召下，中国新经济创业公司数量快速增长，并于 2015 年达到顶峰。2015 年中国新增新经济公司 25919 家。此后，创业热情出现下降，新增公司数量从 2016 年开始出现负增长。这背后有泡沫的挤破、投资的理性化等因素，也有头部的成熟化而新模式创业机会减少的因素，直到 2020 年，IT 桔子收录到新增新经济公司仅 3108 家，相比上一年降低了 54%。原因除了在收缩的创投市场外，突发的新冠疫情也阻碍了更多人创业的脚步。

可以这样说，创业已经成为我国经济发展和转型升级的重要战略举措，而新创企业是实施这一举措的重要载体，是创业活动顺利开展的主导力量。因此，在供给侧结构性改革背景下，推动新创企业的健康成长，并将其培育成具有持续竞争力的组织已经成为政府和企业人士的重要目标和方向，是我国在现实背景下促进"双创"政策落地的战略选择。

在新常态下，我国经济结构正在发生根本性变化：我国经济增长出现速度回落，从高速增长换挡为中高速增长，更加强调发展的内在质量。同时，我们可以发现，新创企业也面临着严峻的考验：部分行业产能过剩、消费需求不足并且变化较快、成本持续增加、融资环境不佳等，造成了一些新创企业因为不能适应外界环境变化以及缺乏成长的核心能力而绩效萎缩甚至倒闭。在机遇和挑战并存的现实情境下，为了在激烈的市场竞争中生存下来并能够健康成长，必须研究新创企业的成长动力和关键促进因素，实现供给侧结构性改革背景下新创企业成长绩效的提升。

1.1.1.2 企业供应链关系成为新创企业在市场上竞争的新手段

企业所处的外部环境正发生着急剧变化，动态性、全球化、信息化、个性化等已经成为企业成长中躲避不开的环境标签。企业之间的竞争进一步加剧，纵向一体化的企业管理方式逐渐在新竞争环境下失去原有优势，成为企业尤其是新创企业持续发展的障碍和桎梏。市场的竞争已突破企业边界，发展为企业所属供应链之间的竞争。有学者指出，供应链之间的合作关系已经成为新创企业获得持续成长的一个关键因素。但是在强调横向一体化战略更能与动态环境相适应的同时，纵向一体化战略在特定情境下仍具有一定的存在价值，不能予以全盘否定。例如，在较为稳定的市场环境下，采取纵向一体化战略的企业能够协同管理各阶段的业务活动，从而减少成本支出、增加财务利润，在市场竞争中掌握主动。然而，在变化程度较大的动态环境下，纵向一体化战略无法发挥出快速响应市场变化的能力，尤其是技术革新的不断发展和顾客需求的快速变化导致了市场竞争更加残酷和激烈，企业已经认识到纵向一体化有其局限性和薄弱之处。因此，大部分企业包括新创企业开始思考新的战略方式。此时，横向一体化的管理思想逐渐成为企业热衷和学习的主流管理范式，越来越多的企业开始采取横向一体化的经营模式，与战略伙伴建立密切合作，利用外部互补资源应对市场变化，在市场较量中赢得动态竞争优势。

尽管新创企业通过供应链管理能够发挥横向一体化的优势，给企业带来异质性资源（知识），但是纯粹的横向一体化有其固有弊端。大量业务活动外包降低了企业在供应链中的话语权与自主控制权，使得新创企业对外部组织产生更多依赖，将面临协作伙伴的投机与"搭便车"问题，从而对企业决策带来一定影响和冲击甚至导致重大损失。这使企业不得不认真思考这种横向合作的利弊，并考虑采用关系质量来增强协作的可靠性和长期性，于是强调要在横向一体化与纵向一体化之间找到一种平衡。其实，这种思想的提出是对供应链关系管理的进一步深化，重点在于如何建立适宜的横向合作关系，从而最大程度地获得关系租金。基于对外部动态环境的认识，加之新创企业相较成熟企业存在"新进入缺陷"，抵御外部的风险能力较弱，因此从思想和行为上更为迫切与上下游组织建立供应链合作机制，并以长期关系为导向，通过联盟或伙伴形式建立协作平台，实现资源共享与优势互补，提升新创企业的竞争优势。

1.1.1.3 供应链关系质量对新创企业的成长具有重要的现实价值

基于我国"双创"背景以及国家政策支持，新创企业如何抓住发展机遇，提升成活率以及竞争优势，是理论界和企业界都十分关心的问题。回顾日本企业成长和崛起的历史，可以从中发现一些值得借鉴的理念和做法。在 20 世纪 80 年代，日本制造企业开始重视与供应商的合作关系，并对供应商的生产设施建设进行积极投资，形成互信互利的 Keiretsu 关系，即战略伙伴关系。通过典型的 Keiretsu 关系，形成企业与供应链组织成员的联动合作机制，生产和销售具有高新技术的标准化产品，取得了市场的极大成功（Kotabe，1990，1998），我们耳熟能详的丰田公司就是其中杰出的企业代表。丰田公司利用供应链关系思想，对供应商进行有效管理，形成了企业与供应商无缝对接的整合平台，提升了产品和服务质量，成为美国以及欧洲汽车制造商学习的榜样。对于当下蓬勃发展的我国新创企业，如果能够结合自身资源特点，并根据外界环境变化，形成与环境相匹配的供应链关系并提高其质量，对于企业技术创新发展和产品市场开拓具有积极促进作用，这也是实现新创企业快速成长的一个可行思路（杨洪涛等，2009）。

供应链关系质量对于企业成长具有重要现实价值的结论，得到了国内外学者的支持。Uzzi（1997）以纽约服装行业为例，对相关企业的供应链关系质量进行了实证研究，并对于供应链关系质量从信息共享、信任程度以及共同解决问题三个方面进行了测度。结果表明，与供应链组织成员的关系质量能够积极影响企业的产品创新绩效，因为良好的供应链合作关系相较简单的契约交易更能适应环境变化，形成积极互动和市场信息共享，增强技术创新的精准性，降低产品创新成本，从而提高企业收益。Narasimhan 和 Jayaram（1998）则运用结构模型检验了供应链合作关系对产品创新绩效的影响，提出供应链合作关系主要包括上游组织、企业自身和下游组织三个方面，即上游的供应材料定制、企业自身的生产目标制定以及下游客户的响应度等，供应链合作关系的这三个方面程度越高，越能促进新产品绩效的提升。Fynes 等（2005）研究了爱尔兰的电子企业，通过 200 家企业的调研数据，发现企业供应链关系质量对新产品设计质量、生产质量以及顾客满意度等方面的质量绩效具有正向影响。与供应链上下游企业的紧密关系能够提升双方合作质量，从而促进合作深度并提高合作效率，这有利于形成企业核心竞争力。此外，供应链合作关系能够降低交易中的机会主义行为，便于形成互信的灵活机制。供应链企业根据合作伙伴的技术需求，集中精力形成具有独特价值的高资产特性技术，并将企业非核心业务进行外包，提升了企业技术竞争能力，响应了上下游合作伙伴的服务需求，达到了供应链合作的战略目的，为合作企业带来了良好绩效。

此外，我国学者在此方面也积极进行了相关研究。例如，陶青和仲伟俊（2002）采用博弈论方法研究供应链合作对企业收益的作用，并采用资源投入来表征供应链企业合作程度，得出了不同情况下企业收益最大化时的合作状况（资源投入水平）。潘文安和张红（2006）认为供应链关系质量应当注重企业之间的信任和承诺，并研究了信任、承诺与企业绩效的关系，结果表明，信任可以分为组织信任和个人信任，两者通过承诺这个中介变量作用于企业绩效。夏萌和张哲（2012）研究指出，供应链关系质量对企业新产品开发具有积极影响，并从三个方面进行了诠释。

总之，正如前文所述，推动新创企业发展已经成为我国供给侧结构性改革背景下促进创业和创新的战略选择，新时代为企业尤其是新创企业的成长提供了难得的机遇。新创企业在激烈的市场竞争中，应当注重发展与上下游企业的良好供应链关系，以最大程度地提升竞争能力和获得关系租金。

1.1.2 理论背景

1.1.2.1 新创企业由于"新进入缺陷"，所面临的环境更加复杂，新创企业的成长需要多学科交叉研究

新创企业作为企业管理研究中的重要研究对象，与成熟企业存在较大差异。研究表明，新创企业存在"新进入缺陷"的先天劣势，并且在面临外部环境变化时的适应和调整能力都存在局限。新创企业与成熟企业在三个方面存在显著差异，这也是研究新创企业必须把握的基本情况，以便与成熟企业的相关理论进行清晰区分，包括新创企业缺少战略资源（Hitt et al.，2001；Li & Zhang，2007）、缺少社会合法性和社会关系（Shane & Cable，2002；Shepherd & Zacharakis，2003）、相对较少的正式化社会角色（Aldrich，1999）。新创企业的生存和发展需要资源支持，而缺乏战略性资源成为新创企业成长中的硬伤，因此需要积极与外部组织进行合作，形成优势互补。Stinchcombe 和 March（1965）指出，新创企业作为年轻组织，应当而且必须适应作为社会参与者的角色特征，学习提升社会参与能力和相关技巧，积极处理社会化过程中出现的各种问题，增加企业的社会合法

性，从而与在位企业进行有效竞争（Singh et al.，1986）。因此，新创企业与供应链伙伴之间关系的形成和维持包含了更大的不确定性，需要跨学科的理论和方法进行研究，才能更为全面地分析新创企业供应链关系与成长的作用机制，为供应链管理和创业领域的研究做出贡献。

1.1.2.2 新创企业成长的研究需要西方网络结构观的视角，更要重视本土情境下关系质量的影响

在成长过程中，新创企业由于"新进入缺陷"，资源利用与开发受到一定限制，并不能满足自身成长的资源需求，因此，处于这种困境的新创企业往往通过构建合作伙伴关系来获得必要的外部资源支持（Selsky & Parker，2005；Shook et al.，2009；Ndubisi，2011，2013）。国内外学者对此问题进行了探索性研究，并认为关系网络对于新创企业的发展起到了很大的促进作用，弥补了新创企业先天的缺陷，使得新创企业通过关系网络获得补充资源、社会合法性以及较为正式的社会角色，是企业产品创新和市场拓展的重要途径和方式（龙静，2016）。因为特有的关系网络是其他企业无法模仿的资源，具有专用性价值，为企业获得补充性知识和最优配置资源，促进企业形成更具竞争优势的动态能力（Gulati et al.，2000）；另外，新创企业通过关系网络能够挖掘自身具有但尚未表现出来的潜力，提升企业的整体效能。因此，关系网络对于新创企业成长的解释具有一定理论价值。

还需要说明的是，单纯运用网络关系理论来分析企业创业问题，也会导致研究结论的局限性。因为创业网络的压缩或者拓展，并非是导致新创企业绩效下降或上升的直接原因，对两者之间关系非负即正的判定是对新创企业创业活动的简单化，即使通过调研数据并实证检验发现了一些显著性的结论，容易造成统计上的伪相关，但却不是其内在实质关系的真正表述（林嵩和姜彦福，2009）。因此，将新创企业与成熟企业予以明确区分，并借助供应链关系质量理论来研究新创企业的成长问题，将会丰富创业企业的相关理论。

1.1.2.3 供应链关系质量与企业绩效的研究尚未达成一致结论，加之，新创企业供应链关系更加复杂，与新创企业绩效之间的"黑箱"以及动态演化规律亟须厘清

随着经济全球化的发展，市场需求瞬息万变，技术革新速度加快，新创企业面临的外部环境动态性正在增强，这都给新创企业的发展带来了挑战。新创企业无法利用现有资源来促进自身快速成长，因此不得不借助外部力量进行资源整合，寻求合适的供应链合作伙伴成为新创企业发展的必要战略选择（Shook et al.，2009；Ndubisi，2013）。一定程度的供应链关系质量能够帮助新创企业在不确定的市场竞争中降低风险，并对需求变异做出及时响应，满足企业生存和发展的基本诉求（Nyaga & Whipple，2011）。因此，供应链关系质量的研究日益受到理论界和实践界的关注（Smith，1998；Griffith & Harvey，2001；Hewett et al.，2002）。

我们在文献梳理后发现，除了概念存在着不同描述，供应链关系质量与企业绩效的关系研究尚未达成一致结论。部分研究表明，供应链关系质量能够提升企业的运营绩效（Gulati & Sytch，2007；Krause et al.，2007；Lawson et al.，2008；Carey et al.，2011）。但是有学者发现，部分企业在逐渐减少供应链伙伴的数量，这些企业将主要精力和财力集中于少数上下游战略合作伙伴的关系维持上，以便保持良好的协作机制（Choi & Krause，2006）。此外，还有一些学者认为，高质量的供应链关系在带来收益的同时，也存在风险和负面影响（Uzzi，1997；Soda & Usai，1999；Anderson & Jap，2005；Villena et al.，2011）。例如，企业与供应链伙伴之间较强的关系弱化了成员对于外界环境的响应能力，供应链关系带来的额外价值容易使企业产生惰性，从而满足现状、不思进取，影响企业收益（Uzzi，1997；Soda & Usai，1999；Anderson & Jap，2005；Villena et al.，2011）。

以上分析发现，新创企业供应链伙伴关系质量与企业绩效的关系并非或正或负的简单关系，之所以存在较大分歧，除了样本企业处于不同国家的环境原因之外，也有学者分析角度存在差异的可能。部分学者从价值创

造角度出发，认为通过建立良好的供应链关系，能够实现资源互补和互信合作，共同创造更大的市场蛋糕（Jap，1999；Lavie，2006；Cao & Zhang，2011）。另外一些学者则从价值获取角度进行分析，认为企业与供应链上下游组织之间存在价值分配的竞争，所获利的多少取决于供应链成员各自的议价能力（Porter，1980；Galbraith & Stiles，1983；Gosman & Kohlbeck，2009；Lanie et al.，2010）。上述分歧给后来的研究者带来迷茫的同时，也提醒和指引着研究者需要进一步揭示两者之间的内在机制，即前者究竟是通过哪些因素的作用进而影响企业成长绩效的，也是亟须破解供应链关系质量与新创企业成长绩效之间的作用"黑箱"，以便厘清分歧性结论的本质。

此外，新创企业供应链关系质量影响成长绩效的动态演化规律需要进一步的研究。我们对文献梳理发现，大部分学者运用静态分析方法研究了企业供应链关系对企业绩效的影响，也就是对两者关系的研究主要对企业成长的某一特定阶段进行分析。而事实上，新创企业从初创期到成长期甚至相对完善期，企业外部供应链关系都在发生变化。Elfring 和 Hulsink（2003）从创业关系网络视角研究了新创企业合作关系对企业成长的影响，指出企业对于外部关系的构建以及资源的获取，不仅需要关注创建期，还需要将关系网络延伸到后期发展中，从而通过关系获得持续的市场信息、多元化资源以及解决问题的技能等（Johannisson et al.，1994）。方世健和蒋文君（2011）指出，基于中国本土特征，新创企业在创业初期，更多是依赖于创业团队的私人关系获得生存资源，在取得一定的成效和声望后，将投入更多的精力来开拓与培养外部的陌生供应链关系，以便能够取得多重资源，此时的供应链"私人"关系将成为一种辅助性关系，为正规的供应关系质量提供支持和补充。研究表明，有关新创企业供应链关系质量方面的研究取得了一定进展，但是仍存不足，主要体现在对新创企业供应链关系质量的动态演化方面的研究相对缺乏。而根据如上分析，开展相关动态演化研究非常必要，因为处于不同成长阶段的新创企业，面临的外部环境以及自身内部条件具有明显差异性，由初创阶段到完善阶段的供应链关系质量势必也是一个动态调整的过程。因此，新创企业如何根据自己所处的不同阶段,采用合适的战略选择路径,对于供应链关系质量影响其成长绩效具有重要意义。

1.2 问题提出

1.2.1 问题凝练

经济全球化、技术加速化、市场激烈化等外部环境的影响,使得新创企业对外部资源的需求与依赖愈加强烈,利用供应链与外部组织建立紧密的合作关系,已经成为新创企业成长和发展的必然选择。供应链管理理论的出现得到了学者和业界的广泛关注,学者采用不同理论试图对供应链关系质量的本质进行解释,如制度经济理论、交易成本理论、社会交换理论和资源依赖理论等。

由于新创企业存在"新进入缺陷"困境,在开发新资源方面受限,不能满足日益激烈的竞争需要。处于这种情况的新创企业,需要通过寻求外部组织来建立稳定的战略合作伙伴关系,从而获得企业自身成长与发展的必要资源(Selsky & Parker, 2005; Shook et al., 2009; Ndubisi, 2011, 2013)。供应链关系为企业获得外部资源提供了可行的途径。基于此,通过文献梳理和问题聚焦,提出本书的核心问题:新创企业如何通过与上下游企业所形成的供应链关系质量来促进其成长绩效?为了对该问题进行系统和深入的研究,将这个核心问题分解为两个子问题:

子问题1:供应链关系质量如何影响新创企业成长绩效?其调节机制如何?

子问题2:供应链关系质量如何动态影响新创企业成长绩效?其演化机制如何?

通过这两个问题的研究，将供应链关系质量影响新创企业成长绩效的内在机制进行系统剖析，从而为新创企业的持续发展提供理论支持和实践指导。

1.2.2 研究对象界定

关于新创企业的英文出现过多种形式，国外学者根据自己的理解进行了不同表述，具有代表性的英文有：Simply Start-up（Rothaermel，2002），或 New Ventures，Nascent（Sebastiao & Golicic，2008），或 Emerging（Patel et al.，2011）。参考国内外的相关研究，关于新创企业的年限界定也存在差异，有的将新创企业的年限定为 6 年以上，有的界定为 10 年以上，甚至有人将年限定为 12 ~ 15 年（Bantel，1998；Zahra et al.，2000；Song & Di，2008）。Bantel（1998）认为新创企业成长到第 5 年最为重要，因为企业已经获得了一定发展，如果在这个年限尚不能获得一定的市场优势，可能就已经倒闭了。有学者指出，已经存在 12 年的企业属于具有抗风险能力的组织，应该度过了企业成长中的最艰难阶段，正在向成熟阶段逐步过渡。Song 和 Di（2008）运用元分析方法研究新创企业的成功要素时指出，新创企业年限界定最多的是在 6 ~ 10 年。本书采用多数学者的观点，将年龄小于等于 10 年的企业视作新创企业（McDougall et al.，1994；Li & Zhang，2007），并且将研究对象限定为科技型新创企业。

1.3 技术路线

本书遵循规范的科学方法和研究步骤，将理论梳理与实践调研相结合，试图探索供应链关系质量影响新创企业成长绩效的作用机制，为新创企业的成长理论和实践提供有益启示，研究的技术路线如图 1-1 所示。

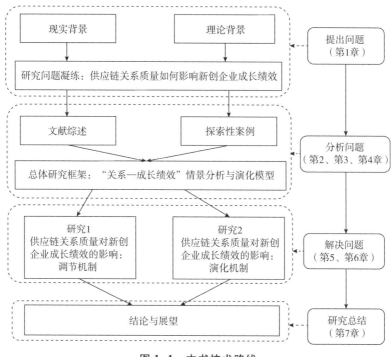

图 1-1 本书技术路线

本书研究的核心问题是"供应链关系质量对新创企业成长绩效的情景分析与演化机制",为了解析这个问题,主要通过两个子研究展开:研究1是分析供应链关系质量如何影响新创企业成长绩效,以及创新导向和市场导向在两者之间的调节机制;研究2是基于动态演化视角,根据新创企业所处的不同阶段,以及外部环境不确定性及内部资源禀赋情况进行战略匹配,选择合适的供应链关系质量,进而促进新创企业的成长绩效。

1.4 研究方法

本书采用理论分析与实证研究相结合、定性研究与定量研究相结合、文献梳理与实地访谈相结合的方式，对供应链关系质量影响新创企业成长绩效的作用机制这一问题进行探索和检验。具体而言，采用的研究方法主要有文献研究法、案例分析法、统计分析法和 Bootstrap 法等。具体阐述如下：

文献研究法：主要借助学校数据库、图书馆馆藏图书资源、互联网数据等进行文献搜索。对关系质量、供应链关系质量、新创企业成长绩效、知识重构、营销整合、动态能力、创新导向和市场导向等重要的相关文献进行检索、整理和分析。对供应链关系质量、知识重构能力、营销整合能力及战略导向等重要方面的研究进行了系统综述，确定了研究问题的理论基础。

案例分析法：通过选择典型的科技型新创企业中的供应链关系质量进行剖析，探索供应链关系质量与新创企业成长绩效之间的影响关系等，为构建研究的整体模型以及相关假设提供实践依据。此外，通过案例分析对供应链关系质量动态影响新创企业成长绩效的演化机制进行深入分析。

统计分析法：通过对我国新创企业进行访谈，科学地设计问卷，之后进行调查，获取企业供应链关系质量、新创企业成长、创新导向、市场导向等方面的一手数据。利用 SPSS 和 AMOS 进行描述性统计分析、因子分析、对问卷的信度和效度进行检验、方差分析、回归分析、调节效应分析等，验证供应链关系质量对新创企业成长绩效的作用机制，为本书研究结论提供科学依据。

Bootstrap 法：Preacher、Hayes 等对不同研究模型设计了相应的 Boot-strap 程序插件，其中 Process 插件通过具体模型的选定可以实现其他插件的功能。本书采用 Prescher 和 Hayes（2013）对调节效应的 Bootsrap 检验法。

1.5　结构安排

在文献梳理、问题聚焦、技术路线与研究方法分析的基础上，本书的研究结构安排如图 1-2 所示。

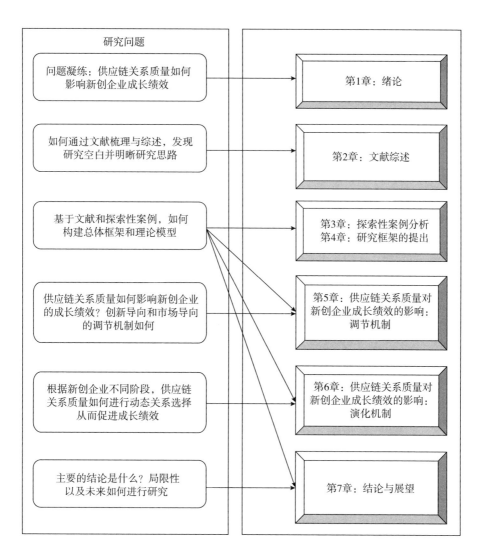

图 1-2 本书的研究结构安排

1.6　研究创新

本书研究具有一定的理论创新价值，从供应链关系质量的视角入手，结合动态演化理论，对新创企业的成长机理进行了系统研究，具有一定的探索性和创新性，对于我国新创企业的成长也具有极强的指导意义。

理论创新点1：厘清了供应链关系质量影响新创企业成长绩效的作用关系以及调节机制，即供应链关系质量对创新性成长绩效的倒U型关系、对市场性成长绩效的正向作用关系以及创新导向和市场导向在供应链关系质量影响新创企业成长绩效中的调节机制。

理论创新点2：探明了供应链关系质量影响新创企业成长绩效的演化机制，即基于动态演化视角，结合环境不确定性、资源禀赋及战略匹配等理论，分析了新创企业从初创阶段到完善阶段的供应链关系质量的演化及对新创企业成长绩效的作用机制，从而分阶段提出促进新创企业成长的关系策略，以便为其他新创企业的持续成长提供理论指导。

1.7　本章小结

本章主要是对全书研究进行总体说明。从研究背景开始分析，提炼出需要解决的核心问题，并将研究问题进行聚焦和凝练，提出新创企业供应链关系质量影响成长绩效的整体构思框架，厘清了本书的技术路线，明确了研究方法，并提出了可能的创新点。

2 文献综述

2.1 供应链关系质量理论综述

2.1.1 基础理论：关系质量

供应链关系质量源于关系质量与供应链关系管理理论的结合，本节在研究供应链关系质量之前，首先对关系质量的理论进行回顾和整理，这对系统研究供应链关系质量管理具有重要的借鉴意义。

2.1.1.1 关系质量的概念

关系质量是企业与企业之间关系的核心主题，日益受到理论界和企业界的关注（Hewett et al.，2002）。关系质量反映的是组织之间关系的整体密切性，表征了企业对需求和期望的满足程度（Jiang et al.，2016）。尽管关系质量非常重要，但是对关系质量的内涵与测量还没有达成一致意见（Roberts et al.，2003），这主要是因为大多数研究者往往倾向于对关系质量的直觉理解。因此，学者们针对自身的研究领域和研究对象，从不同的视角对关系质量进行定义（Huntley，2006；Athanasopoulou，2009）。表2-1是比较有代表性的定义。

表 2-1　关系质量代表性定义

作者	概念关键点	概念内容
Levitt（1983）	无形价值组合	衡量与顾客良好关系的评价指标，简单来讲，就是一组无形价值的组合，对买卖双方的交易产生直接影响
Gummesson（1987）	互动关系	表征的是企业与顾客之间互动关系的质量，并且关系质量对顾客感知质量产生正向影响，促使双方合作关系得以长期发展
Dwyer 等（1987）	满意、信任、机会主义	对交易伙伴的满意程度、信任程度以及机会主义最小化的一种评价
Crosby 等（1990）	感知不确定性	关系双方减少彼此感知不确定性的能力
Jarvelin 和 lehtinen（1996）	关注关系	基于顾客视角进行概念界定，认为它是客户对于关系所带来利益的预期和关注度
Smith（1998）	总体强度满足程度	表征了关系总体强度以及满足关系各方需求的程度
Grönroos（2000）	动态能力	长期合作中形成的用以表征良好客户关系的一种动态能力
Henning-Thurau（2000）	满足顾客需求	满足顾客需求的程度度量，包括不确定性消除、互动有效性增加、交易成本降低、社会需求满足增加等
Holmlund（2008）	商业交易评价	合作双方基于一定标准对商业交易所进行的综合评价
Griffith 和 Harvey（2001）	强度与持续性	企业间关系强度以及潜在关系持续发展所进行的关系评价
Palmatier 等（2008）	关系联结能力	组织关系间的整体联结能力及对结果的影响程度
Song 等（2012）	长期关系	一种以长期合作为导向的积极关系，包括冲突解决能力以及合作程度
刘人怀和姚作为（2005）	感知质量	作为感知质量的一部分，指关系主体根据一定标准对满足自身需求程度的评价，其实质就是对一组关系间无形利益的表征
周茵等（2016）	关系状态感知	关系合作方基于交易历史对当前合作程度的一种关系感知和评价
李雪灵和申佳（2017）	关系评价与指标	关系主体对合作过程所反映出来的信任度、亲密度以及满意度的认知与评价，并用指标来反映对未来合作的信心程度
马鸿佳等（2017）	商业交易评价	关系主体采用预设标准对商业交易效果的综合评价和认知

综上所述，虽然关系质量的概念尚存分歧，但是多数学者认为关系质量是指关系对交易双方需求的满足程度（Levitt，1983；Hennin - Thurau，2000；Holmlund，2001；李雪灵和申佳，2017），这反映了关系质量存在的根本原因，而交易双方的需求主要体现在对关系价值的期望与实现程度上（Holmlund，2001）。因此，从关系价值方面来看，关系质量高意味着交易双方对通过关系实际提供的价值与期望符合程度的评价较高。此外，关系质量关注的是交易双方对关系中存在问题的解决能力（Gummesosn，1987）。由于关系双方彼此的依赖程度不同，在交易过程中存在权力不对等、信息不对称等问题，双方将尽力促使交易行为程序化、惯例化；积极采用各种方法对存在的问题进行处理，对交易关系中存在的问题处理能力越强、越熟练，其关系质量就越高（Liljander & Strandvik，1995）。引起深思的是，文献检索中发现关系质量在供应链中的应用较少，仍处于发展阶段，尤其是与新创企业成长相结合的文献更是少见，这也是本书特别关注的地方。

2.1.1.2 关系质量的维度

尽管学者们从不同的研究视角对关系质量进行了定义，但值得说明的是，关系质量是对整体关系的抽象描述，而不是关系某一个维度（如信任）的表征。对应于关系质量不同的概念界定，现有文献中对关系质量的维度划分也存在一定差异（Crosby et al.，1990；Naudé & Buttle，2000；Palmatier et al.，2008；Nyaga & Whipple，2011）。但是多数学者认为关系质量是一个高阶概念，由多个维度构成（Kumar et al.，1995；Naudé & Buttle，2000；Ulaga & Eggert，2006），在不同的研究情境下，关系质量的构成因素（即构建维度）有很大的差异，主要包括信任、承诺、满意、沟通、适应、合作等。这也证实了 Naudé 和 Buttle（2000）关于关系质量是高阶、多维概念的观察结果。Nyaga 和 Whipple（2011）通过对文献的综述，提出关系质量的测量维度一般在 2~6 个（Crosby et al.，1990；Dorsch et al.，1998；Hibbard et al.，2001；Autry et al.，2008；Ndubisi，2014），其常见维度划分如表 2-2 所示。

表2-2 关系质量维度与研究背景汇总

研究者	关系质量维度	研究情境
Crosby 等（1990）	信任、满意	服务行业
Kumar 等（1995）	冲突、信任、承诺、投资意愿、合作意愿	汽车行业的经销商—供应商关系
Dorsch 等（1998）	信任、满意、承诺、最小机会主义、顾客导向、道德水准	B2B情境下检查企业使用关系质量感知供应商差异化的程度
Smith（1998）	信任、承诺、满意	公共和私人部门的买卖关系
Hennig-Thurau（2000）	信任、承诺、感知质量	消费市场中的供应链和制造商之间的关系质量
Hibbard 等（2001）	信任、有效承诺	耐用消费品的制造行业中经销商和供应商的关系
Lee 等（2001）	整体质量	商业关系
Hewett 等（2002）	信任、承诺	制造企业的买卖关系
Roberts 等（2003）	信任、满意、承诺和有效的冲突处理	服务公司与其客户之间的关系
Walter 等（2003）	信任、承诺、满意	制造企业的买卖关系
Fynes 等（2004）	信任、适应性、承诺、合作	爱尔兰电子行业
Lages 等（2005）	信息共享、交流质量、长期导向、满意	英国港口的进出口企业
Phan 等（2017）	信任、满意、承诺、共同问题解决	东南亚的商业伙伴关系
Ulaga 和 Eggert（2006）	信任、承诺、满意	化工、机械、电子制造行业
Ivens 和 Pardo（2007）	信任、承诺、社会满意、经济满意	买卖关系
Palmatier 等（2007）	信任、承诺、满意	顾客—销售人员以及顾客—企业关系
Skarmeas 等（2008）	信任、承诺、满意	分销商—供应商关系，四个行业
Nyaga 和 Whipple（2011）	信任、承诺、满意、专用性投资	供应链关系
Song 等（2012）	合作、适应性、氛围	中国三个省的制造业企业买卖关系
Ndubisi（2014）	信任、承诺、满意	顾客层面关系质量对忠诚度的影响，也可以复制到组织层面
Jiang 等（2016）	沟通、长期导向、社会满意和经济满意	B2B，所有行业
Odongo 等（2016）	信任、承诺、信息共享、正式和非正式的权利、依赖性和冲突	农产品供应链

2.1.1.3 关系质量的研究进展与总结

通过对文献的梳理可以看出，对组织间关系质量的研究主要集中在营销、战略、运营等领域。在营销领域，早期的研究主要关注营销人员与顾客之间的关系质量对顾客忠诚度、销售额等的影响，后来逐步扩展到关系营销、服务营销、工业营销等领域。在战略领域，主要关注企业之间的关系质量对企业资源获取、财务绩效、市场绩效、创新绩效等的影响及其内在作用机制。在运营领域，主要关注制造商与上下游企业之间的关系质量对运营绩效方面的影响，如产品质量、准时交付、创新等，该领域最为典型的研究源自丰田及时生产（JIT）所取得的成功案例。总之，将关系质量通过供应商管理逐步延伸到供应链领域，拓展了关系质量研究的视角，供应链关系质量的相关研究也开始逐渐兴起。

2.1.2 供应链关系质量

在现今复杂的全球竞争环境中，通过对企业的供应链关系进行战略性评估和管理，以更好地为最终客户提供卓越服务，这对企业发展日益重要。企业不仅需要面对复杂的经济形势做出收益最大化的战略决策，还需要在不确定性环境中减缓潜在的风险干扰（如质量问题、需求改变等）。因此，供应链关系质量作为对供应链关系价值的综合性评估（Palmatier，2008；Nyaga & Whipple，2011），逐步成为理论界与企业界的研究热点。

对供应链关系质量的理论研究可以追溯到 Gummesson（1987）和 Dwyer 等（1987）分别对 B2C 关系和 B2B 关系的研究。Gummesson 将关系质量看作企业和顾客之间的互动质量，Dwyer 等则认为关系质量是对交易伙伴的信任、满意和机会主义最小化的一种反映。而对关系质量的系统研究起始于 Crosby 等（1990）的研究，其在对关系质量进行分析时主要针对 B2C 的关系进行测度，即利用消费者对销售人员的服务专业知识、销售行为等方面进行关系评估。Smith（1998）继承了 Crosby 的思想，并基于 B2B 情境对关系质量进行定义："关系的总体强度及其满足各方需要和期望的程度。" Grönroos（2000）从能力的视角，将关系质量看作是长期关系互动中形成的动态能力。Song 等（2012）认为关系质量是双方企业所从事的一种积极的、长期的业务关系，包括合作和解决冲突的程度。

关系质量理论对供应链关系的研究提供了借鉴和参考。例如，Nyaga 和 Whipple（2011）认为供应链节点企业之间存在着以合同为基础的公平交易关系和非正式的协作关系，关系质量是对供应链关系各个方面进行综合评价的连续机制（关系质量由低到高），是全部关系联结对结果变量的综合性影响（Palmatier et al.，2008），它描述了企业之间关系的深度和氛围，是对关系的全面衡量指标，而且还可以用来衡量市场中公平交易关系的价值。夏萌和张哲（2012）认为供应链关系质量是节点企业之间逐步形成的供需关系，可通过不断的交易博弈进行关系专用性投资而维持关系的长期性与稳定性。徐可等（2015）认为应从供应链节点企业间关系发生的行为过程和关系互动的交互环境两方面来界定供应链关系质量，也即供应链关系质量不仅包括节点企业行为过程中所形成的共同价值观、组织文化等认知感受方面的评价，还包括外部交互环境对企业未来行为选择的潜在影响。基于以上分析，本书对供应链关系质量进行概念界定：即企业与供应链中其他组织所建立互动关系的质量。

2.1.2.1 供应链关系质量的理论视角

供应链关系质量与多种理论存在着交叉融合的关系，这些理论为供应链关系质量的理论发展提供了多个视角的支持，丰富了供应链关系质量理论的发展，具体的理论融合如表 2-3 所示。

通过对文献的梳理发现，多种理论被用于解释供应链节点企业之间的关系质量。例如，社会资本理论认为，供应链关系是为供应链成员提供互惠互利收益的一种资源（Lawson et al.，2008；Carey et al.，2011；Villena et al.，2011）。资源依赖理论认为，实现组织间关系的协同是获取资源、减少环境不确定性和降低对外界依赖性的有效途径（Pfeffer & Salancik，1978），企业与供应链伙伴之间高质量的关系使得企业利用外部有价值、稀缺、难以模仿、难以替代的资源成为可能。交易费用理论认为，高质量的供应链关系是削减交易成本、应对环境不确定性的一种有效机制（Fynes et al.，2005；

表 2-3　供应链关系质量与相关理论的融合发展

理论名称	理论要点	代表人物	供应链关系质量与相关理论融合	研究评述
社会资本理论	1. 社会资本被定义为一种有价值的资产,其源于通过社会关系获得的资源;有助于提升企业活动效率;在一定的信任水平下有助于减少机会主义行为,降低对关系监管过程的成本 2. 社会资本理论关注组织内部与组织之间能够造成绩效差异的资源流,有助于描述和表征企业关系特征,为分析企业通过外部社会关系获取与维持竞争优势的内在机理提供理论依据	Nahapiet 和 Ghoshal（1998）、Krause 等（2007）、Autry 和 Griffis（2008）、Lawson 等（2008）、Carey 等（2011）、Villena 等（2011）	1. 随着外部不确定性的增加,企业日益关注如何有效嵌入所处社会网络获取互补性资源,进而创造卓越绩效与维持持续的竞争优势是供应链管理领域学者面临的重要挑战,社会资本理论为其提供了一个重要的理论视角 2. 社会资本的构建有助于供应链节点企业之间积极沟通以及信任、承诺、合作关系的构建,这对导入供应链管理实践提供了理论基础 3. 供应链节点企业间形成良好的关系,有助于知识共享与合作意愿的增强;节点企业与合作伙伴进行专用性资产投资的概率增加,增强了相关业务的合作程度	1. 供应链节点成员企业积极构建社会资本,在一定程度上能够减少冲突、促进合作,更好地获得与利用关系中的资源;盲目地在供应链内部构建高水平的社会资本,可能会导致客观性损失、机会主义行为、资源的浪费等。因此,构建适宜的社会资本对于企业的生存与发展至关重要 2. 企业所积累的社会资本产生的协同效应可能会出现收益递减现象,因此,厘清社会资本与企业绩效之间的关系对企业供应链关系管理实践具有重要的启示
资源依赖理论	企业关心的首要问题是生存,企业通常不能生产其所需要的所有资源;必须与其所处环境中的其他组织积极互动,以获取生存所需的资源;企业对资源的获取建立在其对组织间关系控制能力的基础上	Pfeffer 和 Salancik（1978）	1. 供应链管理背景下,资源依赖理论强调企业与供应商、顾客建立高质量的关系,以产生互惠互利 2. 高质量的供应链关系可以有效管理和控制企业之间的资源,以应对环境的不确定性和对环境的依赖性 3. 高质量的关系有助于企业获得所需要的独特的、有价值的资源	资源依赖理论说明组织间良好的关系是获取资源、减少环境不确定性及对外界依赖性的有效途径;但是仅仅关注对外部资源的依赖性,而忽略了关系成本等因素

续表

理论名称	理论要点	代表人物	供应链关系质量与相关理论融合	研究评述
交易费用理论	1. 企业本质是一种资源配置的机制，企业与市场是两种可以互相替代的资源配置方式 2. 威廉姆森在有限理性和机会主义的前提假设下，认为交易与治理模式进行匹配可以实现交易成本的节约；交易主要由资产专用性、不确定性和频率三个维度描述；治理模式分为市场、混合和科层制	Coase（1937）、Fynes 等（2004）	1. 供应链节点企业之间的关系是一种混合型治理结构，高质量的供应链关系可以作为削减交易成本的一种治理模式，它有助于提升企业的绩效产出 2. 从 Williamson 的交易费用决定因素来看，供应链节点企业之间良好的关系有助于提高企业对外部环境不确定性的感知能力，减少合作伙伴因"有限理性"所产生的交易成本	供应链节点企业可以使用不同的治理模式来处理企业的业务关系，以实现交易成本的节约与效率的提升。但是交易费用理论忽略了组织间关系形成与维持过程中的其他重要的因素和原则，如组织间基于互补资源而产生的相互依赖性
政治经济理论	包括外部政治、外部经济、内部政治和内部经济四个基本要素。该理论为解释交易系统的结构和过程提供了一个有用的框架，即承认各要素之间的区别，也明确地说明各要素之间的依赖性	Pfeffer 和 Salancik（1978）、Dwyer 等（1987）、Fynes 等（2004）	外部政治经济因素影响供应链成员企业对环境中的机会感知，并对成员行为进行约束，为其有效运行提供了保障；内部政治经济因素指成员企业间关系的结构与过程，它是更好地理解和管理供应链关系的基础	为供应链节点企业间关系的形成提供了良好的解释，也为节点企业行为以及相关情境因素对企业结构和绩效的影响提供了理论基础
社会经济理论	企业的经济行为嵌入于社会关系和结构中，受到社会中非经济因素的影响。社会经济观点是经济学与社会学观点的融合，它们一起决定了经济结构和个体行为	Granovetter（1983）、Uzzi（1997）	社会经济观点解释了供应链节点企业间关系治理理论，并试图解释高质量的供应链关系为节点企业提供价值和竞争优势	分别使用经济学与社会学理论来理解企业行为与社会制度显得过于简单，社会经济学将两种观点进行融合，这提供了一个更好的理论视角

续表

理论名称	理论要点	代表人物	供应链关系质量与相关理论融合	研究评述
社会交换理论	个人或群体试图与他人互动以期望获得奖励；态度和行为取决于互动收益减去互动成本；在交换的所有行动中，奖励某一特定行动的频率越高，该交换的参与者越有可能再次执行该行动	Cook 和 Emerson（1984）	供应链节点企业间关系对企业的绩效产生重要影响，通过建立基于信任、承诺的合作关系有助于减少交易过程中的机会主义行为，降低交易成本，进而形成互惠共赢的合作关系	供应链节点企业间良好的关系来自企业相互提供令合作伙伴满意的收益需求

Williamson，2008）。政治经济理论将供应链关系看作节点企业与外部环境因素相互作用的动态过程（Dwyer et al.，1987；Mohr & Nevin，1990；Dant & Schul，1992）。社会经济理论认为，企业努力寻求与供应链上下游企业之间的高质量关系，以实现供应链利益最大化，这些利益源自相互依赖性的关系、互补性资源以及企业所需的知识、市场、技术等（Wynstra et al.，2015）。社会交换理论认为，高质量的供应链关系源自各成员企业能够满足彼此的报酬需求（Cook & Emerson，1984）。以上理论对供应链关系质量进行了不同视角的诠释和分析，彼此之间既具有一定的共性，也存在独特的观点，为供应链关系质量的理论发展提供了来自不同领域的理论基础，可以更好地解释与理解组织间供应链关系质量的形成。

2.1.2.2　供应链关系质量的研究现状

国内外学者对供应链关系质量从不同角度展开研究，建立了多种研究模型，在供应链关系质量的维度划分上也是根据其研究目的而有所差异，所得出的结论有些类同，有些存在较大的差异，说明了供应链关系质量理论尚处于研究的发展期，同时一些分歧性的结论也需要进行再次检验，以更好地厘清影响关系。通过对文献梳理，将供应链关系质量及相关的研究成果整理如表2-4所示。

表 2-4　供应链关系质量及相关研究模型汇总

作者	维度	关系研究	备注
Fynes 等（2004）	交流、信任、合作、适应性	供应链关系质量—供应链绩效	调节因素：需求的不确定性、供应的不确定性、技术的不确定性（不支持）
Fynes 等（2005）	交流、信任、合作、适应性	设计质量，一致性质量	一致性质量（不支持）
Fynes 等（2005）	交流、合作、适应性、信任	供应链关系质量与供应链绩效	环境的竞争性：竞争的激烈程度、顾客类型、技术动荡性（不支持）
Claassen 等（2008）	单一维度	供应链关系质量与成功的库存管理	关系质量是成功的供应链库存管理的一个前置要素
Kim 等（2011）	与合作伙伴的关系质量影响企业的全球创新水平	关系质量与创新	天生国际化企业
Nyaga 和 Whipple（2011）	信任、承诺、满意、关系专用性投资	供应链关系质量、运营绩效和战略满意	制造商与供应商之间的关系
Chang 等（2012）	社会资本、信息交流、接触频率	关系质量、创新和适应性以及企业绩效	外国跨国企业与我国台湾当地供应商子公司之间的关系质量
Kühne 等（2012）	信任、满意、冲突、权力、依赖、声誉、治理形式	创新能力	基于三元视角，用 Logistic 回归分析了食品供应链关系质量对企业创新能力的影响
Nyaga 等（2013）	沟通质量、信任和不确定性	关系质量—合作行为和适应行为—运营绩效	权力使用影响合作伙伴行为和经营业绩，关系性质影响权力来源。关系因素和交易因素在供应链交易中起着重要作用
Tan 和 Ndubisi（2014）	关系质量	资源—供应链关系质量—绩效	资源包括组织资源（原材料、技术、声誉）、人力资源绩效包括绩效财务绩效、市场有效性、战略目标
Sariola 和 Martinsuo（2016）	信任、承诺	供应商积极性和技术能力影响信任程度，供应商的技术能力和设计合作影响承诺	提升供应商的非合同性项目关系
Odongo 等（2016）	信任、承诺、信息共享、正式和非正式的权利，依赖性和冲突	供应链关系质量与供应链绩效	在机遇三元视角下分析了农产品供应链关系质量

续表

作者	维度	关系研究	备注
Su 等（2017）	供应商关系质量	产品质量绩效	演化机制
Gu 等（2017）	关系质量	协作活动—关系质量—供应链绩效	第三方物流
张魁首和党兴华（2009）	信任、沟通、承诺	关系质量—接受意愿、吸收能力—知识转移	IT 外包
王辉等（2012）	供应链上游关系质量与下游关系质量	供应链关系质量—吸收能力—合作创新绩效	合作创新
徐可等（2015）	行为过程、环境互动	供应链关系质量—知识螺旋—价值链创新	高新技术制造企业
刘伟和邸支艳（2016）	信任、承诺、满意	关系质量—知识转移	研发合作
徐建中等（2017）	关系强度、关系持久性	关系质量—知识密度—低碳技术创新	低碳技术创新
马鸿佳等（2017）	信任、承诺、满意	关系质量—关系学习—双元创新绩效	高技术企业

根据以上分析可以看出，供应链关系质量的研究已经引起了学术界的关注，并逐渐成为研究热点，但是对于供应链关系质量的研究结论却存在部分分歧，亟须厘清。

2.1.2.3 供应链关系质量的维度界定

上述研究对供应链关系质量的维度有所涉及，但没有系统展开，本部分重点讨论供应链关系质量的维度构成。Huntley（2006）指出，关系质量的度量要兼顾关系行为因素（如信任、合作）和环境因素。Athanasopoulou（2009）对关系质量的文献进行了综述并指出，在 B2C 情境下，学者们对关系质量维度的划分达成一定的共识，分为信任、满意、承诺，但是 B2B 情境下的关系质量还应包含更多的社会因素与情感因素。许多学者对供应链情境下，关系质量的划分进行了一定的探索，如 Fynes 等（2004，2005）选用沟通、合作、承诺、满意、信任、适应性来度量供应链关系质量。Su 等（2011）在研究供应链关系质量对合作伙伴的选择的影响中选用交流、合作、氛围、信任、适应性来度量供应链关系质量。Nyaga 和 Whipple（2011）在研究供应链关系质量对运营绩效、战略绩效的影响机制中采用信任、承诺、满意、关系专用性资产投资四个维度来测量供应链关系质量。徐可等（2015）在研究供应链情境下节点企业间关系质量对企业创新价值链影响机制过程中，将供应链关系质量划分为关系质量的行为过程与交互环境两个维度。Odongo 等（2016）在研究农产品的供应链中采用信任、承诺、信息共享、正式和非正式的权利、依赖性和冲突来度量供应链关系质量。刘人怀和姚作为（2005）则指出，关于关系质量的维度研究，文献基本上是从三个方面进行测度，分别是顾客特征、互动界面以及关系管理，供应链关系质量可以借鉴相关维度进行划分。综上可以看出，尽管现有文献对供应链关系质量维度划分角度有所不同，但是在某些维度的运用方面存在一定的连续性。Anderson 和 Narus（1990）、Monczka 等（1995）研究表明，企业与其上下游伙伴关系中，信任、承诺、沟通与合作等维度是衡量供应链关系的指示器（Indicator）。结合相关理论，本书将供应链关系质量进行了多维度整合，如图 2-1 所示。

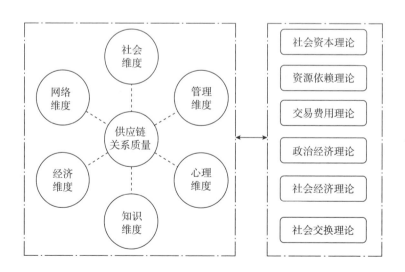

图 2-1 供应链关系质量维度构成以及相关理论融合模型

综合以上文献研究，根据新创企业供应链关系质量的特点，本书将关系质量出现频率较高的维度进行了整合①，将供应链关系质量分为 4 个维度，分别是信任（Trust）、承诺（Commitment）、沟通（Communication）和合作（Co-operation）。

供应链关系质量信任维度的相关文献与本书概念界定如表 2-5 所示。

表 2-5　信任相关文献与本书概念界定

变量	作者	内容描述	本书概念界定
信任	Mohr 和 Spekman（1994）	企业间信任对联盟绩效具有显著正向的影响	信任：作为供应链关系质量的核心维度，指企业致力于与供应链合作伙伴保持持续互惠规范关系的总和
	Doney 和 Cannon（1997）	信任对交易具有积极促进作用，并影响外来交易	
	Zaheer 等（1998）	以电子设备产业为例，供应链关系中的信任对联盟绩效具有显著正向影响	
	林莉（2004）	强调了企业之间的一种强联系、持续互惠的信任关系	
	张钢和张东芳（2008）	强调信任关系的构建是一个长期不断进化的复杂过程	
	叶飞和徐学军（2009）	供应链信任、关系承诺对信息共享和运营绩效的作用中，信任对运营绩效具有显著影响	
	于桂兰和孟秀石（2010）	信任对组织之间的知识共享具有促进作用	
	徐可等（2015）	信任对组织间的知识螺旋、价值链创新具有正向影响	

供应链关系质量承诺维度的相关文献与本书概念界定如表 2-6 所示。

---

① 结合新创企业供应链关系特点，对关系质量的 4 个维度在供应链情景下进行了拓展和界定，并对维度构成进行了企业访谈、信息反馈和最终修改，后文对维度构成进行了详细说明。

表 2-6　承诺相关文献与本书概念界定

变量	作者	内容描述	本书概念界定
承诺	Moorman 等（1992）	承诺是维护具有价值的持续意愿程度	承诺：作为供应链关系质量的核心维度，指企业致力于与供应链合作伙伴有价值关系的长期持续性意愿，并主动投入资金以及精力
	Morgan 和 Hunt（1994）	关系承诺是表征关系主体重视与交易伙伴的关系，并进行良好合作的信心程度	
	Kumar 等（1995）	用关系耐久性、关系输入以及关系一致性描述关系主体对合作者的意愿和信心	
	Goodman 和 Dion（2001）	将关系承诺划分为情感承诺、工具承诺和时间承诺三种	
	于桂兰和孟秀石（2010）	分析了组织间承诺与知识共享的关系，发现前者对后者具有正向影响	
	张旭梅和陈伟（2011）	供应链组织间的关系承诺促进了组织间的知识交易与合作绩效	

供应链关系质量沟通维度的相关文献与本书概念界定如表 2-7 所示。

表 2-7　沟通相关文献与本书概念界定

变量	作者	内容描述	本书概念界定
沟通	Anderson 和 Narus（1990）	沟通是组织之间信息的及时共享，包括共同目标理解、冲突处理等	沟通：作为供应链关系质量的核心维度，指企业致力于与供应链合作伙伴进行多种形式的信息共享、冲突处理和目标交流等的行为总和
	Gundlach 和 Cadotte（1994）	从反面分析不良沟通对供应商—采购商关系的影响，前者对后者起阻碍作用	
	Krause（1999）	有效的双向沟通是企业之间良好关系构建的核心要素	
	Lages 等（2005）	沟通能够积极促进企业间的成功交易，并且对关系质量具有正向作用	
	Cassivi（2006）	供应链企业之间的沟通对于合作关系的构建与发展具有积极影响	
	邓春平和毛基业（2008）	企业之间有效沟通能够积极影响企业关系的规范性	
	徐可等（2015）	供应链组织间的关系承诺促进了组织间的知识交易与合作绩效	

供应链关系质量合作维度的文献综述与本书概念界定如表 2-8 所示。

表 2-8 合作相关文献与本书概念界定

变量	作者	内容描述	本书概念界定
合作	Young 和 Wilkinson（1998）	与利益一致的合作方所进行的共同活动	合作：作为供应链关系质量的核心维度，指供应链关系双方在产品设计开发、对双方冲突和抱怨的及时处理、战略目标的一致性以及信息共享等方面共同进行活动，注重长期关系行为，而不是短期交易行为
	Woo 和 Ennew（2004）	企业对追求共同利益所构建的协作关系，并用于协调各种活动，产生利益的互惠性和连续性	
	Fynes 等（2005）	企业与供应链上下游组织所做的各种合作活动，包括产品设计、工艺设计、生产安排、质量实践等	
	Velez 等（2015）	企业与合作方具有强烈合作意愿和团队精神，并采取协作方式来促进共同利益和业务目标的实现	
	张涑贤和苏秦（2010）	为实现共同目标，企业与合作方所做的各种促进关系的行为	
	徐可等（2015）	以新产品开发和营销过程分析了企业之间的协作行为	

2.1.2.4 供应链关系质量与企业绩效

当前的竞争已经成为企业供应链的整体竞争，价值创造和传递的过程正是通过供应链节点企业之间所构建的高质量合作关系，才能更有效地协调和管理供应链中的实践活动以实现价值成果（Christopher & Towill，2000）。供应链关系质量与企业绩效的关系引起了国内外学者的关注。本部分将按照供应链关系质量—绩效之间的直接作用、间接作用、调节作用等方面的研究对相关文献进行分析。

（1）两者之间的直接作用。

外界环境的快速变化使得企业对外部资源依赖性逐步增加，企业更加重视与供应链合作伙伴保持良好的关系。在此背景下，供应链关系质量与企业绩效的作用关系引起了国内外学者的关注。Fynes 等（2004，2005）研究发现，通过构建供应链伙伴关系有助于供应链合作绩效的提升。Fynes 等（2005a）研究了供应链关系质量对质量绩效的影响，发现前者对设计质量的正向影响作用显著，但对一致性质量的影响不显著。这说明与供应链合作伙伴建立良好的伙伴关系，将使得供应商（或顾客）在产品设计或新产品开发中变得更加积极主动，从而可以提升产品设计质量。而供应链关系质量对企业一致性质量的作用不显著，说明一致性质量受其他多种核心要素决定，为提高一致性质量，企业需要重点关注那些核心因素。Zhou 和 Berton（2007）研究表明，供应链关系质量有助于企业创新绩效的提升，因为高质量的信息网络能够为企业带来商业机会与创新理念。Claassen 等（2008）研究发现，与供应商的关系质量有助于增强顾客对公司供应管理的感知，进而提升更高的客户服务水平。此外，良好的供应关系可以有效改进供应链控制水平，以及降低交易成本。Yeung（2008）实证分析了供应链关系质量对企业绩效的影响，研究表明前者对后者存在积极影响。Athanasopoulou（2009）指出，供应链关系质量影响企业的经济和非经济绩效，如运营绩效、财务绩效、创新绩效、知识转移等。Nyaga 和 Whipple（2011）认为供应链关系质量存在正式（以合同为基础）和非正式（以信任等为基础）的关系中，并且在两种关系中，供应链关系质量的提升均有助于供应链绩效与战略绩效满意度的提升。但是，在正式关系中关系质量对供应链绩效和战略绩效满意度的提升低于均值，而在非正式关系中则高于均值。Kim 等（2011）指出，供应链关系质量有助于供应链成员企业之间共享专用性信息，如新产品创意或市场发展趋势，因此有助于企业创新水平的提升。Kühne 等（2013）验证了供应链企业间关系对创新能力存在积极影响，认为供应链关系质量对创新能力的促进有助于扩大供应链成员的共同资源，并加强了对共同资源、创新过程和合作利益分配的管理。Tan 和 Ndubisi（2014）研究发现，供应链关系质量对财务绩效、市场有效性和战略目标具有直接影响。Odongo 等（2016）在三元关系（供应商、焦点企业、顾客）视角下，研究了农产品供应链企业之间的关系质量对供应链绩效的影响，研究发现，关系质量对供应链绩效具有促进作用，并且，对于焦点企业来讲，冲突、强制权力、承诺和信任对于其绩效的提升最为重要；在供应商方面，信任、依赖和非强制权力是提升供应链绩效的重要因素；而在客户方面，信任、依赖性和强制力则是影响绩效的重要指标。李全喜和孙磐石（2012）将供应链关系分为横向竞争关系和纵向合作关系两种，并认为两种供应链关系能够正向影响质量绩效，且纵向合作关系的影响更大。宋喜凤等（2013）在物流外包的情境下，也得到了类似的结论。

（2）两者之间的调节作用。

供应链关系质量和企业绩效之间的作用关系受到情境因素的调节作用，Fynes 等（2004）研究发现，供应链关系质量对供应链绩效具有促进作用，并且供给与需求的不确定性对该关系的调节作用显著；在需求和供给不确定的情况下，企业更需要进行基于互动沟通、合作、承诺的供应链关系管理，进而提升企业供应链绩效；此外，技术的不确定性对供应链关系质量与供应链绩效之间关系的调节作用不显著。Fynes 等（2005）检验了环境竞争性对供应链关系质量与供应链绩效之间的调节作用，研究发现顾客类型和竞争激烈程度对两者关系具有显著调节作用。Fynes 等（2008）探索了关系特征对供应链关系质量与供应链绩效之间关系的影响，发现关系持久性、供应商奖励程度对两者关系具有显著的正向调节作用，而产品的标准化程度与企业所处的供应链层级对上述关系的调节作用不显著。任胜钢等（2011）研究发现，企业的网络能力对关系质量与创新绩效之间的关系具有正向调节作用。沈鹏熠（2012）研究了在国际服务外包中关系质量对外包绩效的影响及情境因素，发现从承接商的角度，承接企业规模和外部业务类型对关系质量与外部绩效之间的关系具有调节作用。徐可等（2016）研究发现知识螺旋在供应链关系质量与企业价值链创新之间具有中介效应，供应链整合对知识螺旋的中介效应具有正向调节作用。吴松强等（2017）研究了环境动态性与环境复杂性对企业间关系质量与产品创新之间关系的影响，发现环境复杂性负向调节企业间的关系质量与产品创新之间的关系，这说明在环境复杂性较低的情况下，组织间高质量的关系更有利于产品创新；而环境动态性对两者关系的调节作用不显著。彭学兵等（2017）研究了新创企业在创业网络中的关系质量对其绩效的影响机制，发现关系质量通过效果推理型资源整合影响新创企业的绩效，且环境不确定性正向调节关系质量与效果推理型资源整合之间的关系，即在环境不确定性情况下，关系质量越高，新创企业能够更好地对所获取的创业资源进行整合。

2.1.3　供应链关系质量研究评述与小结

关系质量的理论拓展为供应链关系质量的兴起与研究提供了理论基础，一个领域的发展与特定的研究情景息息相关，但供应链关系质量并非是"关系质量+供应链"的简单糅合，它有着自己特定的理论框架和发展逻辑。从文献检索情况来看，供应链关系质量的研究视角在不断扩展，一些致力于研究在质量领域、供应链领域及网络关系领域研究的学者开始在交叉学科中进行相关理论的探索和梳理，取得了一定进展。但总体来看，研究成果不完善，关于供应链关系质量的概念、研究对象的设定、作用机理、动态静态分析等尚存在争议和分歧，使得研究结论的拓展性和普适性大打折扣，因此，亟须进行理论的梳理、补充和完善，具体内容包括：

第一，对于供应链关系质量的概念界定仁者见仁、智者见智，存在多种不同定义方式，容易使研究者混淆。虽然供应链关系质量的概念起源于关系质量，但是对于概念内涵和外延的阐释却出现了较大的差异。部分学者认为可以用关系质量的概念来界定供应链关系质量，因为后者只是关系质量在特定情景下的运用和拓展，其概念维度的实质相同。部分学者认为，应该从供应链关系的视角对供应链关系质量的概念进行界定，更强调上下游关系的外在影响。此外，甚至有些人用网络关系的特征来代替供应链关系质量的实然本质。总之，虽然不同理论为供应链关系质量的研究带来了更多启示和丰富素材，但是也造成了研究者的无所适从，亟须进行理论的梳理和完善。

第二，供应链关系质量已经得到学者关注，但以新创企业为例，研究其与供应链上下游企业之间关系的文献较少，亟待理论创新和发展。新创企业的"新进入缺陷"是阻碍其成长的主要因素之一，因此新创企业亟须从外部关系中获得所需的资源、知识、技术等，以克服"新进入缺陷"的束缚，进而促进自身成长。而供应链关系是新创企业最主要的外部关系，也是对商业合作关系的本质描述，对于研究新创企业供应链关系质量如何促进成长绩效的影响机制具有重要意义和现实价值。

第三，供应链关系质量对企业绩效影响机制的研究结论不统一。国内外对于供应链关系质量的研究存在分歧性结论，同一个命题由不同学者研究得出了相反的结论。而且，这些研究多是以成熟企业为例，对新创企业研究的成果较为少见。此外，大多数学者的研究多集中于供应链关系质量对绩效的直接影响，虽然能够对管理实践做出一定的解释，但是，新创企业的成长是一个复杂的过程，受到组织内外部多种因素的影响，因此，供应链关系质量对新创企业成长的情境因素，以及其中间路径如何，这个"黑箱"亟须深入研究。

第四，供应链关系质量的研究大多处于静态视角，动态研究不够。供应链关系质量对企业成长所处不同阶段具有动态性和差异性影响，现有成果大部分处于静态研究。静态分析虽然能够对供应链关系质量影响企业绩效的机制进行一定程度的探析，但是作为对静态分析的补充，纵向动态演化分析必不可少。经文献检索和梳理发现，关于该方面的动态研究成果较为缺乏，而动态演化对于理解供应链关系质量随新创企业成长变化而变化的规律探寻具有重要价值，这也是本书进行动态研究的原因。

综上所述，基于文献梳理可以看出，虽然国内外学者针对供应链关系质量进行了相关研究，无论从理论层面还是实证分析层面都取得了一定研究成果，但是现有研究仍存在不足，在"双创"背景下，亟须对供应链关系质量进行理论探索和创新。

2.2 新创企业成长理论与供应链关系质量机制分析

2.2.1 企业成长生命周期理论

2.2.1.1 企业成长生命周期理论概况

（1）理论简介。

企业生命周期理论起源于生物学，主要体现了一个生物从诞生到灭亡过程中的不同生命阶段所展示出的不同特点，是描述关于一个生物不断演变成长的相关理论。企业和生命体之间的演变和发展存在着相近的特点。也就是说，企业生命周期是企业的发展与成长的动态轨迹，包括发展、成长、成熟、衰退几个阶段。企业生命周期理论的研究目的就在于试图为处于不同生命周期阶段的企业找到能够与其特点相适应，并能不断促其发展延续的特定组织结构形式，使得企业可以从内部管理方面找到一个相对较优的模式来保持企业的发展能力，在每个生命周期阶段内充分发挥特色优势，进而延长企业的生命周期，帮助企业实现自身的可持续发展。

（2）理论创始人。

伊查克·爱迪思（Ichak Adizes）是美国最有影响力的管理学家之一，企业生命周期理论创立者、组织变革专家，美国当代著名的管理学思想家、教育家，组织健康学的创始人，加州大学洛杉矶分校终身教授，斯坦福大学、特拉维夫大学和位于耶路撒冷的希伯来大学的客座教授。他在企业和政府部门有超过 30 年的诊疗经验，开发出了爱迪思法，并创立了爱迪思学院，受政府特许在组织健康领域授予硕士和博士学位。美国主流媒体评价爱迪思为 20 世纪 90 年代"唯一一名处于管理尖端领域的人"。爱迪思生于南斯拉夫，长于以色列。他在耶路撒冷的希伯来大学获学士学位，在纽约哥伦比亚大学获 MBA 和博士学位。爱迪思在加利福尼亚大学洛杉矶分校的约翰·E. 安德逊管理学院研究生管理学院任终身职务。

（3）生命周期方法。

生命周期方法包括两种：一种是传统的、相当机械地看待市场发展的观点（产品生命周期/行业生命周期）；另一种富有挑战性，观察顾客需求是怎样随着时间推移而由不同的产品和技术来满足的（需求生命周期）。

第一种方法，产品生命周期/行业生命周期。这种方法能够帮助企业根据行业是否处于成长、成熟、衰退或其他状态来制定适当的战略。假定企业在生命周期中（发展、成长、成熟、衰退）每一阶段中的竞争状况是不同的。例如，发展——产品/服务由那些"早期采纳者"购买，他们对于价格不敏感，因此利润会很高，然而，此阶段需要大量投资用于开发具有更好质量和大众化价格的产品，这又会侵蚀利润。在这种方法中，由于假设假定必然会遵循一种既定的生命周期模式，因而其可能导致可预测的而不是有创意的、革新的战略。

第二种方法，需求生命周期。生命周期概念更有建设性的应用是需求生命周期理论。这个理论假定，顾客（个人、私有或公有企业）有某种特定的需求（娱乐、教育、运输、社交、交流信息等）希望能够得到满足。因而在不同的时期会有不同的产品来满足这些需求。技术在不断发展，人口的统计特征随着时间推移而演变，消费者偏好也会改变。与其为了保卫特定的产品而战，倒不如为了确保能够继续满足顾客需求而战。

2.2.1.2 企业成长生命周期分析与周期特性

（1）企业成长生命周期分析。

美国人伊查克·爱迪斯曾用 20 多年的时间研究企业如何发展、老化和衰亡。在他的《企业生命周期》一书中，把企业生命周期分为十个阶段，即孕育期、婴儿期、学步期、青春期、壮年期、稳定期、贵族期、官僚化早期、官僚期、死亡。爱迪斯准确生动地概括了企业生命不同阶段的特征，并提出了相应的对策，揭示出了企业生命周期的基本规律及企业生存过程中基本发展与制约的关系。

第一，转型企业生命周期。爱迪斯画了一条像山峰轮廓的企业生命周期曲线。据说这条曲线可以延续几十甚至上百年，而实际上很多企业没有走完这条完美的曲线就消失了。有的仅仅几年、十几年，还在成长期就夭亡的。原因是企业成长中会遇到许多陷阱，企业没有跳过去。很多企业面临的最大问题是"第二次或第三次创业"的陷阱，尤其是民营企业。这时企业基本上已经发展起来了，处在学步期或青春期，将要从创业型转为管理型，进行较大的跨越。爱迪斯指出的创办人或家族陷阱，也正是民营企业关心的如何超越家族制的问题。而这恰恰是企业最危险的一个陷阱。

第二，发展中企业生命周期。还有一些做得较大，可以说进入青春期的企业也遇到了成长的困惑。企业发展到一定程度，难有增长，似乎冥冥中有一种力量制约和摆布着自己的命运，左冲右突，难以脱离这个怪圈。实际上是企业长期停滞在粗放经营和管理上，缺乏留住人才和培育人才的机制，落后的管理和组织机构制约了企业的发展。根据爱迪斯理论，壮年期是企业生命周期曲线中最为理想的点，在这一点上企业的自控力和灵活性达到了平衡。壮年期的企业知道自己在做什么、该做什么，以及如何才能达到目的。壮年期并非生命周期的顶点，企业应该通过自己正确的决策和不断的创新变革，持续增长。但如果失去再创业的劲头，就会丧失活力，停止增长，走向衰退。

总之，企业生命周期的理论和方法把企业看成一个机体，而不仅仅是一个组织，从把握全程到注重阶段提出动态管理的思想，对于思考企业的战略管理，提供了一个新的视角。

（2）企业生命周期特性。

企业生命周期变化规律是以 12 年为周期的长程循环。它由 4 个不同阶段的小周期组成，每个小周期为 3 年。再往下分，一年 12 个月可分为 4 个微周期，每个微周期为 3 个月。该规律的行业特征不明显，适用于各种行业甚至大部分商业现象。由于不同的企业存在着不同的生命周期，不同的生命周期体现不同的变化特征。尽管它们有共同的规律，但在 4 个不同周期阶段变化各异，各自的发展轨迹也不同。事实上也不是每个公司都会经历这种固定的周期理论，经过决策者实施有力的调整，企业也可以避免陷入怪圈。这些不同的变化特征可归纳为如下三种变化：

第一，普通型。周期运行顺序：上升期（3年）→高峰期（3年）→平稳期（3年）→低潮期（3年）。普通型变化最为常见，60%左右的企业属于这类变化。它的4个小周期的运行相对比较稳定，没有大起大落。属于普通型变化的企业，即使经营业绩平平，但只要在低潮期不出现大的投资失误，一般都能比较顺利地通过4个小周期的循环。

第二，起落型。周期运行顺序：上升期（3年）→高峰期（3年）→低潮期（3年）→平稳期（3年）。起落型变化比较复杂，不易掌握，属于盛极而衰，大起大落类型。这类企业的比例约占20%。它的运行轨迹在周期转换过程中突发剧变，直接从高峰落入低谷。处于这个周期阶段的企业，经营者一般都会被眼前所迷惑，错误估计形势，拼命扩大投资，准备大干一场。殊不知这种投资决策的失误，结果导致前功尽弃甚至全军覆没。

第三，晦暗型。周期运行顺序：下落期（3年）→低潮期（3年）→高峰期（3年）→平稳期（3年）。名曰晦暗，隐含韬晦之意。这类变化的企业与上述两类变化相比，运转周期中减少一个上升期，多出一个下落期。这就表明在12年4个小周期的循环中，这类企业可供发展的机会少了3年，而不景气的阶段多出3年。这类企业的比例约占20%。晦暗型变化的企业虽有诸多弊端，但也具备独特的优势，它在经历下落和低潮两个小周期阶段的低位循环后，运行轨迹突发剧变，直接从低谷冲上高峰。鉴于这个变化特点，企业决策者要权衡利弊，扬长避短，充分利用这一优势，把不利转化为有利因素。"塞翁失马，焉知祸福"。企业处于低潮，固然不利，但从另一角度分析，这段时间也给企业提供了一个休养生息、调整组合的大好机会，采用相应的战略调整，着眼于中长期目标的投资。

2.2.1.3 理论研究阶段的划分

（1）萌芽阶段：20世纪50~60年代。

在1960年以前，关于企业生命周期的论述几乎是凤毛麟角，对企业生命周期的研究刚刚起步。在这一阶段，Haire（1959）首先提出了可以用生物学中的"生命周期"观点来看待企业，认为企业的发展也符合生物学中的成长曲线。在此基础上，他进一步提出企业发展过程中会出现停滞、消亡等现象，导致这些现象出现的原因是企业在管理上的不足，即一个企业在管理上的局限性可能成为其发展的障碍。

（2）系统研究阶段：20世纪60~70年代。

从20世纪60年代开始，学者们对于企业生命周期理论的研究更为深入，对企业生命周期的特性进行了系统研究，主要代表人物有哥德纳和斯坦梅茨。

Gardner（1965）指出，企业与人和其他生物一样，也有一个生命周期。但与生物学中的生命周期相比，企业的生命周期有其特殊性，主要表现在：第一，企业的发展具有不可预期性。一个企业由年轻迈向年老可能会经历20~30年时间，也可能会经历好几个世纪。第二，企业的发展过程可能会出现一个既不明显上升也不明显下降的停滞阶段，这是生物生命周期所没有的。第三，企业的消亡也并非是不可避免的，企业完全可以通过变革实现再生，从而开始一个新的生命周期。

Steinmetz（1969）系统地研究了企业成长过程，发现企业成长过程呈S形曲线，一般可划分为直接控制、指挥管理、间接控制及部门化组织四个阶段。

（3）模型描述阶段：20世纪七八十年代。

20世纪七八十年代，学者们在对企业生命周期理论研究的基础上，纷纷提出了一些企业成长模型，开始注重用模型来研究企业的生命周期，主要代表人物有丘吉尔、刘易斯、葛雷纳以及伊查克·爱迪思。

Lewis和Churchill（1983）从企业规模和管理因素两个维度描述了企业各个发展阶段的特征，提出了一个五阶段成长模型，即企业生命周期包括创立阶段、生存阶段、发展阶段、起飞阶段和成熟阶段。根据这个模型，企业整体发展一般会呈现暂时或永久维持现状、持续增长、战略性转变和出售或破产歇业等典型特征。

Nees 和 Greiner（1985）认为企业通过演变和变革而不断交替向前发展，企业的历史比外界力量更能决定企业的未来。他以销售收入和雇员人数为指标，根据它们在组织规模和年龄两方面的不同表现组合成一个五阶段成长模型，即创立阶段、指导阶段、分权阶段、协调阶段和合作阶段。该模型突出了创立者或经营者在企业成长过程中的决策方式和管理机制构建的变化过程，认为企业的每个成长阶段都是由前期的演进和后期的变革或危机组成的，而这些变革能否顺利进行直接关系到企业的持续成长问题。

伊查克·爱迪思（Adizes）可以算是企业生命周期理论中最有代表性的人物之一。他在《企业生命周期》一书中，把企业成长过程分为孕育期、婴儿期、学步期、青春期、盛年期、贵族期、官僚初期、官僚期以及死亡期共 9 个阶段，认为企业成长的每个阶段都可以通过灵活性和可控性两个指标来体现：当企业初建或年轻时，充满灵活性，做出变革相对容易，但可控性较差，行为难以预测；当企业进入老化期，企业对行为的控制力较强，但缺乏灵活性，直到最终走向死亡。

在这一阶段，西方学者已经比较深入和完善了企业生命周期理论研究，因此这一阶段是企业生命周期理论研究的繁荣阶段。

（4）企业生命周期理论的改进修正阶段：20 世纪 90 年代至 20 世纪末。

在西方学者对企业生命周期研究的基础上，我国学者对此又进行了修正和改进，主要代表人物有陈佳贵和李业。

陈佳贵（1995）对企业生命周期进行了重新划分，他将企业生命周期划分为孕育期、求生存期、高速发展期、成熟期、衰退期和蜕变期。这不同于以往以衰退期为结束企业生命周期的研究，而是在企业衰退期后加入了蜕变期，这个关键阶段对企业可持续发展具有重要意义。

李业（2000）在此基础上又提出了企业生命周期的修正模型，他不同于陈佳贵将企业规模大小作为企业生命周期模型的变量，而将销售额作为变量，其原因在于销售额反映了企业的产品和服务在市场上实现的价值，销售额的增加必须以企业生产经营规模的扩大和竞争力的增强为支持，它基本上能反映企业成长的状况。他指出企业生命的各阶段均应以企业生命过程中的不同状态来界定。因此他将企业生命周期依次分为孕育期、初生期、发展期、成熟期和衰退期。

（5）企业生命周期理论的延伸拓展阶段：21世纪初期至目前。

企业界和理论界的研究重点开始从企业生命周期研究转向对企业寿命的研究，即如何保持和提高企业的成长性，从而延长企业寿命。

2.2.1.4　国内外相关研究文献

（1）国外研究概况。

从国外已有研究来看，Utterback 和 Abernathy（1975）认为对初创期和成长期企业来说，它们需要进行更多的产品创新来开拓市场，而对成熟期的企业来说，他们会更希望借助已有技术创新成果，进行简单的模仿创造，如此一来，可以显著降低企业在技术创新方面的支出，控制企业成本，保持自己已有的竞争优势。有学者以美国企业作为研究样本，发现美国的股权激励政策对处于成熟期和衰退期的企业创新发挥了很好的促进效应，而对初创期和成长期没有显著影响，但初创期和成长期企业拥有更大的创新潜能。还有研究认为企业技术创新活动的本质就是将企业现有的关于创新的资源进行合理的整合，在这一整合过程中，企业生命周期的影响必须被纳入到考虑当中。

（2）国内研究概况。

从国内的研究来看，罗险峰和胡逢树（2000）结合不同生命周期阶段的具体特征，对企业技术创新行为的动机、积极性及其风险进行了探讨。胡继灵（2001）研究了高新技术企业在各阶段对技术创新战略如何选择，结果表明在成长初期，由于资金缺少、技术水平差、研发水平较低，往往会应用资金投入量较低而且风险较低的模仿性创新战略。杨涛和朱学红（2006）以企业生命周期为理论基础，探究了处于不同生命周期阶段的科技型中小企业进行创新活动时面临的困难和相应的解决办法，研究表明在成长期，人才短缺成为制约科技型中小企业技术创新的主要障碍，而成熟期管理则成为创新的主要障碍。曹宗平（2009）从生命周期的角度分析了科技型中小企业发展中每个生命周期阶段的特点，以及各个阶段中技术创新与资金支持的矛盾。朱磊等（2018）以高新技术企业为样本，通过实证分析的方法，探究了在不同生命周期阶段高管过度自信和企业的创新绩效的关系。肖忠意和林琳（2019）以新结构经济学关于资源禀赋结构的理论为基础，以生命周期和行业特征作为切入点，分析了企业金融化与持续性创新的关系，结果显示企业金融化对非金融上市公司的持续性创新表现具有抑制作用，但是随着企业生命周期阶段的延伸，这种抑制作用被削弱。李媛媛和刘思羽（2021）实证分析了科技型企业在不同阶段的科技金融网络特征对企业技术创新的影响，认为网络密度的促进作用在成长期、成熟期与衰退期均存在；网络中心度对企业技术创新的倒 U 型影响和网络联系强度对企业技术创新的 U 型影响仅在成熟期与衰退期显著存在。

2.2.1.5 企业能力生命周期理论

能力生命周期（Capacity Life Cycle，CLC）的概念源于产品和资源是同一事物的两个方面，阐述了随着时间的推移，组织能力演进的一般模式和路径。正如人们所熟知的产品有其发展路径，这些路径遵循可识别的模式，能力也具有这样的特性。企业能力不是一成不变的，随着内外因素的影响发生正反两个方向的变化，并在变化中形成周期。能力生命周期描述了几个可识别的阶段，如成长期、成熟期和衰退期。产品是能力和资源的组合体，因此，某种类型能力的生命周期可能会超过某种产品，甚至超过企业及其所在的行业。换言之，产品的停产甚至是企业的衰亡都不代表能力的流失。例如，英特尔公司每几年就会推出新一代的微处理器，前一代芯片的需求就会趋于枯竭。然而，英特尔并没有仅仅因为老一代芯片需求的骤减就放弃这种制造能力，而是将制造能力进行重新部署以生产新一代的微处理器。

能力生命周期框架囊括了在任何组织环境下，从小型初创企业到大型多元化企业，各种能力的萌芽、发展和进步过程（Helfat & Peteraf，2003）。在新创组织里，新能力的生命周期从创始阶段开始，为能力的后续发展提供了基础。接着是发展阶段，这一阶段的主要特征是能力的逐步构建。最后，构建停止，能力进入成熟阶段。一旦能力进入成熟阶段，或者在此之前，各种事件都会影响到能力未来的演进。之后，能力会进入能力生命周期的6个另外的阶段：消亡、衰退、复制、重新部署、重组和更新。随着时间的推移，这6个阶段可能会在各种可能的模式中一个连着一个接踵发生，其中的几个阶段也可能会同时发生。更重要的是，在能力生命周期的每一个阶段，能力演进形式的历史先例要比分支较早地影响能力的后续演进。能力生命周期的贡献之一在于，它有助于解释企业异质性的根本来源。竞争优势和劣势产生了一段时间以后，它也会随着时间的推移而改变。因此，为了解释竞争优势，资源基础观必须勾画出资源和能力随着时间的推移是如何形成企业竞争优势的演化过程。能力生命周期通过提供解释能力随时间演进的框架，有助于使资源基础理论动态化。能力生命周期提出了一些有前途的方向，为今后的研究提供了一定的基础。同时，能力不是产品，也不是企业，能力的演化必须要视为一项独立的实证研究进行。

2.2.2　新创企业成长理论与评述

现有文献对企业成长的研究经历了从重视"量"到"质"的过程。古典经济学理论认为，企业的成长过程是企业为了实现规模经济而不断对组织规模进行扩展的过程。实践中，企业成长是通过优化配置资源，不断培育与维持企业的竞争优势，超越竞争对手而实现的。Chandler（1992）指出，企业内部的变革是影响企业成长的重要关注点，因为企业成长是为了实现规模经济或范围经济，从而充分利用技术和市场进行不断变革以增强自身竞争能力的过程。本书认为，新创企业成长是在内外部环境作用下，规模由小变大、实力由弱变强的动态发展过程。这个过程不仅仅是指规模扩大和绩效提升，还包括新创企业为克服"新进入缺陷"，通过外部关系获取所需资源并进行整合和配置，从而为顾客创造出独特价值并传递给顾客的一系列活动。

企业成长过程具有的复杂性使得企业成长理论也呈现多样性（Rodriguez，2003）。表2-9对一些具有代表性的观点进行总结和梳理。

表 2-9 企业成长理论的对比分析

理论名称	代表人物	关键词	核心观点
古典经济学	Smith（1790）、Marshall（1920）	劳动分工、协作、差异分工	劳动分工、协作是企业内生成长和效率的根源；企业的成长取决于外部经济与内部经济，外部经济有助于企业市场发展空间的扩大，内部良好的管理有助于企业获得超额利润，生产与协作能力促进了企业成长
新古典经济学	Mill（1848）	规模经济、范围经济	企业被看作是一个生产函数，其内部复杂性被抽象掉，同产业的企业被视为同质的；企业的成长依赖于外部因素，成长动力在于对规模经济与范围经济的追求，成长过程是企业不断调整产量以达到最优规模的过程
新制度经济学	Coase（1937）、Riordan 和 Williamson（1985）、Grossman 和 Hart（1986）	交易成本	企业被看作是市场机制的替代，成长的动因在于节约交易费用，企业的边界取决于市场交易费用与内部协调费用的均衡；企业的成长过程表现为纵向边界的扩张及功能的扩展
演化经济学理论	Nelson 和 Winter（1982）	遗传、变异、选择	企业成长的方向和模式取决于企业现有的"惯例"；企业成长过程是遗传、变异、选择不断循环的过程
创新理论	Schumpeter（1934）	"破坏性创造"	新创企业的企业家主要职能是创新，也即实现生产要素的新组合；企业成长过程可以看作是企业家通过创新行为，打破既有的市场均衡从中获取利润的过程
竞争优势理论	波特（2005）	竞争优势	企业成长过程是不断建立与维持竞争优势的过程；获取竞争优势包括三种战略，即成本领先、差异化、聚焦战略；其竞争优势源自价值链优化；企业竞争优势一定程度上取决于所在产业的竞争结构
彭罗斯成长理论	彭罗斯（2007）	企业资源—企业能力—企业成长	企业是特定管理框架内的一组资源的组合，其成长的动力源自企业所拥有的生产资源产生的服务或能力；稀缺的管理资源是成长最重要的限制因素；企业成长是由于有效地协调其资源和管理职能的结果，是通过"企业资源—企业能力—企业成长"框架来实现的

理论名称	代表人物	关键词	核心观点
资源基础理论	Hamel 和 Prahalad（1990）、Barney（1991）、Teece 等（1997）	有价值的、稀有的、不可替代的（VRIN）资源、能力、知识	企业的成长具有内生性，企业拥有的独特资源、能力、知识等是企业成长的根本原因；企业的成长被看作是企业内部知识、能力等持续积累的过程；企业成长取决于内部长期开发与积累知识、资源过程中所形成的成本优势

从以上企业成长的理论对比分析可知，企业成长不仅是由某一个或者某几个因素所决定的，而是受到内外多重因素的影响。基于文献研究的核心内容对比发现，企业成长越来越注重合作关系、战略行为、外部环境以及供应链关系等，这些已经成为企业成长的关键词，为本书探索新创企业成长机制提供了逻辑性的理论指引。就新创企业而言，由于存在"新进入缺陷"，先天资源匮乏，在成长过程中，需要通过外部关系进行资源以及知识的获取、整合和重构等，因此要特别注意供应链合作关系的构建和发展，并在战略导向下，提升关系管理能力以适应外部环境变化，促进企业健康持续成长。因此，本书将重点研究供应链关系质量如何影响新创企业成长绩效，并考虑战略导向作用以及环境动态性影响，结合知识、能力、营销理论进行系统深入的剖析，以期能够清晰揭示供应链关系质量影响新创企业成长绩效的作用机制。

2.2.3　新创企业成长过程中供应链关系质量机制分析

新创企业在成长过程中，需要与外部组织尤其是供应链上下游企业建立密切关系，从而获得资源、合法性等促进企业自身发展。但是，由于新创企业的"新进入缺陷"，在与外部组织构建供应链关系时，需要建立供应链关系的防御机制和治理机制，接下来将从这两个方面进行分析。

2.2.3.1　防御机制

新创企业发展面临的核心问题是如何获得外部资源以实现其创业资源的商业化价值（Haeussler et al.，2012；Park & Steensma，2012）。因此，通过快速与成熟企业建立关系并获得互补资源，往往成为很多新创企业的首要选择。在合作关系的构建中，成熟企业可以为新创企业带来所需资源，如财务资源、生产管理资源及优秀管理人才、成熟市场网络、有效监管等其他有价值的非财务资源等。另外，科技型新创企业拥有成熟企业不具备但又有所需求的高新技术，往往吸引着成熟企业与其合作。因此，新创企业的技术、智力资本又存在被成熟企业侵占的潜在风险，即"鲨鱼困境"（Shark Dilemma），在这种情况下，新创企业该采取什么样的策略来与成熟企业建立和维护合作关系，这往往与新创企业自身实力以及对成熟企业所拥有资源的依赖程度有关。

新创企业资源禀赋与成熟企业相比有其独特性，成长过程可以采用多重防御机制。主要表现在：作为创业的资本，新创企业往往通过对专有性知识或技术的拥有和独占，使得成熟企业无法侵占新创企业的独特利益（蔡莉和郭润萍，2015）。这类稀缺性资源是企业赖以生存和竞争的根本，尤其是科技型新创企业，更是将这些保密和领先的技术作为企业获得丰厚利润的看家本领，这也是新创企业能够与成熟企业进行关系构建和利益交换的资本（余绍忠，2012；龙静，2016）。但是，新创企业选择与成熟企业合作，也面临着潜在的风险，如战略风险，因为非财务性资源的专用性较强，面临较高的退出壁垒与退出成本，而最重要的危险来自技术资源被侵占的风险。成熟企业通过与新创企业建立关系，学习或窃取被投资企业（往往是新创企业）的稀缺知识，成为自我研发的替代手段。当然，其间新创企业并不是一味听从成熟企业的摆布，新创企业也可以采取多种防御措施，保护自己的核心利益，主要有通过专利申请，建立核心技术的有效防护机制（Katila & Mang，2003）；对商业机密进行加密，采取多种形式的信息防火墙，设立不同的文件查询权限（寇宗来和周敏，2012）；选取社会信誉良好和具有一定品牌效应的风险投资商等（Katila et al.，2008），从而为新创企业在与成熟企业的合作过程中提供防御效应。

2.2.3.2 治理机制

（1）关系治理的国外研究。

组织间关系治理的研究源自麦克尼尔的关系契约理论，其观点引起了广泛的关注，被越来越多学者运用到企业间关系的研究中。正如前文所述，研究供应链关系质量的理论较多，如社会资本理论（Nahapiet & Ghoshal，1998）、资源依赖理论（Pfeffer & Salancik，1978）、交易费用理论（Coase，1937；Williamson，2008）、政治经济理论（Fynes et al.，2004）、社会经济理论（Granovetter，1983；Uzzi，1997）以及社会交换理论等，这些理论观点对于企业间关系治理的研究也给出了不同的见解，为供应链关系治理的发展提供了理论参考（张群洪等，2010）。Heide（1994）认为组织间的交易关系具有复杂性与动态性，而关系治理是指企业对交易过程中的活动积极参与，并促成交易顺利完成的过程。在协同合作中，关系双方为了保护专用性资产投入，必须强调双方的联合行动来降低机会主义风险。Zaheer 和 Venkatraman（1995）认为企业间关系质量可以通过关系治理进行定义，即关系治理是一种企业间包括关系专用性投资的非正式交易治理行为，主要涉及企业之间交易关系的结构和过程。通过以上分析可以看出，关系治理是区别于正式契约治理的一种非正式治理方式，在供应链关系中，各节点企业为了减少交易成本和降低交易风险进行了一定程度的关系专用性投资，从而通过关系治理机制确保交易的顺利进行。可以说，关系治理是正式契约治理的补充，能够和正式契约治理一起来保障企业获得收益。

（2）关系治理国内研究。

关系治理也受到我国学者的广泛关注。孙国强（2001）认为，关系治理是影响交易伙伴行为的宏观行为规范与微观运行规则的综合。彭正银（2002）认为社会关系嵌入是关系治理的基础，关系的互动机制与整合机制是关系治理的两个重要机制，协调与维持关系交易的整体功效与运作技能是关系治理的两个重要目标。李维安（2003）、胡国栋和罗章保（2017）认为治理的核心要义是规制与监督，并认为关系治理是指以制度安排为核心、通过组织和个人的经济合约连接以及社会关系嵌入所建立的关系机制。罗珉和何长见（2006）认为关系治理是一种制度性规制，是基于关系界面进行组织间关系的管理，包括协作过程中的矛盾处理、关系协调、沟通与交流机制的建立等。张群洪等（2010）通过对文献总结，提出需要分别从战略层面、运作层面、柔性层面三个不同层面对关系治理进行分析。新创企业关系治理的不同层面对比如表2-10所示。

表2-10 新创企业关系治理的不同层面对比

不同层面	核心观点
战略层面	从供应链合作伙伴之间的长远战略着手,分析关系治理关注的重点为长远规划、新产品开发和市场开拓等
运作层面	强调企业与合作伙伴之间的信息共享程度、业务流程对接、资源优化配置等运作方面的关系协作,如生产计划联合排产、物流协调等
柔性层面	强调外界环境动态变化情境下,企业通过与合作伙伴构建与维持关系,从而对环境变化做出及时响应的程度,如通过顾客关系管理对市场需求变化做出预测

(3)创业网络关系治理。

新创企业的成长过程是通过不断构建、拓展和治理外部交易网络来实现的(韩炜等,2014)。新创企业通过建立和拓展外部交易网络来实现资源的获取与交易,并通过选择恰当的治理机制来管理和维持外部交易网络关系,进而促进企业的成长(Aldrich & Martinez,2001;Hoang & Antoncic,2003;Newbert et al.,2013),因此,新创企业的创业网络治理机制引起了许多学者的关注,并取得了一些有价值的结论。Larson(1992)分别从经济层面和社会层面来对新创企业创业网络治理机制进行了分析:经济层面的关系治理区别于一般的市场交易关系,更需要加强沟通、互动,共享管理系统来协调彼此之间的交易活动;社会层面的关系治理是指企业之间逐步建立信任机制、组织身份认同、道德义务等手段,促进企业间的交易活动。韩炜等(2014)在Larson(1992)研究基础上,将新创企业外部的创业网络治理机制概括为三种路径,即分别从经济过程、社会背景、知识分散性与传递性来审视创业网络的治理机制。创业网络关系治理研究主要观点如表2-11所示。

表 2-11　创业网络关系治理机制研究的三种路径分析

代表人物	三种路径	核心观点	评述
Hoang 和 Antoncic（2003）	经济过程审视创业网络治理	创业网络中蕴藏着丰富的知识和异质性资源，能够产生积极的经济效应，而网络组织中的权力随知识和资源的不同分布而有所差异，分散式的自我治理是创业网络的重要特征	创业网络治理机制主要表现为具有自我履约性质的隐含契约治理机制
Smith 和 Lohrke（2008）、Slotte-Kock 和 Coviello（2010）	从社会背景来看创业网络治理	基于社会背景分析，认为信任因素是创业网络治理中的重要控制因素，也是一种重要制度安排，能够确保网络成员获益	较多研究认为创业网络中的双边关系型嵌入是信任机制的治理对象，但是这种关系型嵌入具有同质性，现有研究未对信任机制的变化特征进行深入分析
Hatch 和 Mowery（1998）、Hamel（2004）	从知识的分散性与传递性来看网络治理	基于组织学习理论和知识理论，创业网络中的组织能够通过知识互动，将分散性知识有效传递进行共享，形成对知识的整合和重构，从而帮助新创企业在合作中借助知识提升竞争能力	已有研究将创业网络中的知识作为治理要素来进行研究，而未将其作为治理机制予以分析，也未深入挖掘其内在治理机理

（4）理论评述与借鉴。

上述文献表明，企业之间关系的发展既存在防御机制，也存在治理机制。新创企业外部关系的防御机制主要是企业为了保护其核心资产免受合作伙伴（多为成熟企业）侵占而采取的防御措施，如专利制度、商业机密、延迟合作等。企业间关系治理研究多集中于成熟企业，而对新创企业的外部关系治理的研究多集中于创业网络治理机制，并认为创业网络治理是契约机制、信任机制、学习机制的"混合体"。由于创业情境的复杂性与动荡性，创业网络的混合治理机制是新创企业的最佳选择（韩炜等，2014）。

以上理论为新创企业的供应链关系管理提供了理论借鉴和参考。从实践方面来看，供应链关系对企业成长的影响较为重要，企业与上下游合作伙伴之间的关系直接决定着企业的健康运营和未来发展，相较于创业网络更能清晰厘清企业通过获得关系租金促进自身成长的内在规律，也容易从实践中指导企业集中精力保持良好的合作关系来提升竞争能力。因此，在借鉴供应链关系治理与创业网络关系治理相关理论基础上，本书从新创企业供应链关系质量这一独特的视角，挖掘供应链关系质量对新创企业成长绩效的影响机制，以丰富新创企业供应链关系理论的内涵，同时为我国新创企业实施有效的供应链关系管理提供指导。

2.3 创新导向理论和市场导向理论综述

2.3.1 创新导向理论与市场导向理论概述

讨论新创企业成长问题时，需要考虑组织战略，企业战略导向不同，对外部市场环境所做出的反应将会出现较大差异，从而影响企业绩效。战略导向是企业为了指导其活动以获得更好绩效所实施的一种引导并影响企业活动的战略方向（魏江等，2014）。通过指导和影响组织感知环境、确定目标、资源配置、创造顾客价值等一系列组织活动确保企业的生存与成长，以获得更好的绩效产出（Gatignon & Xuereb，1997；Siguaw et al.，2006；魏江等，2014）。市场导向与创新导向是企业战略导向的经典组合，也是企业资源配置的重要指引，影响企业的行为以及绩效（Berthon，1999；Hakala，2011）。新创企业由于缺少资源、合法性以及正式的社会角色，其成长过程相较成熟企业更为艰难（Shane & Cable，2002）。通过实施明确的战略导向，有助于新创企业适应快速变化的市场环境，构建并维持竞争优势。创业领域的现有研究表明，新创企业采用战略导向有助于其绩效的提升，尤其是在资源短缺、进入壁垒较高的情境下与成熟企业进行合作，其影响尤为显著（Miller，1983；Covin & Slevin，1989）。

战略导向是一种独特的资源配置方式，反映了企业管理层对外部环境不确定性的理解以及所采取的行动（Hitt et al.，2001）。德鲁克指出，企业具有创新与营销两项基本职能。因此，战略导向也应当体现出两项基本职能的特色，即技术导向和市场导向（Hakala，2011）。林嵩和刘震（2015）指出，对企业战略导向的研究能否形成清晰的脉络，取决于是否能够对战略导向概念进行深入分析和系统理解。作者认为企业战略导向的构建应从行为、方向、文化和资源4个视角进行展开，并提出从方向视角上进行诠释，企业战略导向的界定应当包括技术创新和市场营销的职能。Jaworski和Kohli（1993）、Hult等（2004）认为，技术导向的本质在于技术创新，因此可以直接采用创新导向代替技术导向（李恒毅和宋娟，2014）。林嵩和刘震（2015）认为，技术导向和创新导向侧重点不同，技术导向将企业的方向仅限定于技术领域，而创新导向则突出了企业战略导向的实质。后来的研究者常常用创新导向来表征企业的战略方式（杨智等，2009）。本书采用创新导向和市场导向作为企业战略导向的主要概念。

2.3.2　创新导向与市场导向的联系与区别

2.3.2.1　创新导向与市场导向的联系

许多学者对创新导向和市场导向进行了研究，并指出创新导向的基本逻辑是利用公司的创新能力创造市场（Zehir et al.，2011），即认为顾客更青睐于具有技术优势的新产品和服务，企业将集中主要资源来进行技术创新，为顾客提供新产品和服务。市场导向是指企业发展更关注于市场中顾客需求的变化，并将组织目标设定为运用一切资源以满足顾客当前需求（Berthon et al.，1999）。Narver等（2004）研究指出，市场导向是关注顾客需求的外在（由外而内，Outside-in）过程，而创新导向是需要关注公司能力的内向（由内而外，Inside-out）过程。对于市场导向与创新导向之间的关系，不同的学者提出了不同的观点：一些学者认为，创新导向是市场导向的一个分支（Narver & Slater，1990）；还有一些学者认为，市场导向是创新导向的前置影响因素（Hult et al.，2004）；而大部分学者则认为，市场导向与创新导向代表了组织两种不同的战略导向，二者之间的关系并不是包含与被包含的关系，在管理实践中，两种战略导向并不一定是相互冲突和矛盾的（Berthon et al.，1999；Augusto & Coelho，2009；王重鸣和刘帮成，2005）。市场导向关注于市场当前的需求，有利于企业获得短期收益，是企业生存的根本；创新导向关注于企业的创新能力，有利于企业维持长期的竞争优势，是企业发展与成长的基础（王重鸣和刘帮成，2005）。本书与 Berthon、Hulbert 和 Pitt 等的观点一致，认为组织的创新导向与市场导向是两个不同的维度取向。

2.3.2.2　创新导向与市场导向的区别

为了对创新导向和市场导向进行更为细致的区分，本部分对创新导向和市场导向的核心概念、作用关系、情境影响以及相关研究的代表人物进行对比分析，如表 2-12 所示。

表 2-12　创新导向和市场导向的对比分析

对比维度	创新导向	市场导向
核心概念	1. Manu（1992）首先对创新导向的含义进行界定，指和创新相关的过程和结果的综合。但是，后来研究者并不认同该定义，认为没有真正揭示概念的实质与内涵 2. 代表性概念：Hurley 和 Hult（1998）基于文化视角对创新导向进行界定，认为创新导向是组织对待新事物的开放性，即对于新技术、新产品的重视程度，是推动创新的根本驱动力	1. 市场导向文化观：贯彻实施市场为中心的企业文化，并采取最有效的方式为顾客创造卓越价值 2. 市场导向行为观：整合市场资源，投入营销努力，实施一切为提高绩效所做的企业行为组合 3. 其他多样化观点：市场导向等同于顾客导向；从组织动态决策分析市场导向；从信息搜索角度分析，认为市场导向是基于市场信息获取并不断满足顾客需求的市场响应过程
代表人物	Lumpkin 和 Dess（1996）、Hurley 和 Hult（1998）	1. 文化观：Narver 和 Slater（1990） 2. 行为观：Kohli 和 Jaworsk（1990）
作用关系分析	1. 直接关系：存在两种观点，一是创新导向能够促进企业绩效；二是创新导向具有正面和负面两种作用，过分强调创新导向，导致企业过多超出核心能力进行创新，增加了产品市场风险和投资费用，对企业绩效产生消极作用 2. 间接关系：创新导向通过多种变量对企业绩效产生影响，如组织学习、动态能力、创新网络等 3. 情境因素：如环境不确定性、组织特征、管理者风格等	1. 直接关系：市场导向能够对企业绩效产生影响，但其结论有所分歧，包括正向关系和负向关系两种结论 2. 间接关系：市场导向可以通过多种路径对企业绩效产生影响，如组织学习、能力视角、创新视角、资源整合、知识整合、组织合法性等 3. 情境因素：主要包括宏观情境因素和微观情境因素。宏观情境因素如地区文化、行业特征、经济周期等；微观情境因素如技术动荡、竞争程度、组织有机性等

续表

对比维度	创新导向	市场导向
相关 研究者	1. 直接关系：Hurley 和 Hult（1998）、Simpson 等（2006）、杜鹏和万后芬（2006）、杨智等（2009） 2. 间接关系：杨智等（2009） 3. 情境因素：Zhou 和 Li（2010）、Jiao 等（2013）、Li 等（2016）、Song 和 Jing（2017）、李恒毅和宋娟（2014）	1. 直接关系：张婧和段艳玲（2010） 2. 间接关系：杜运周（2010）、蔡莉等（2010） 3. 情境因素：Slater 和 Narver（1995）、张婧和段艳玲（2010）
作为调节 变量	1. 创新导向分为探索式创新导向与利用式创新导向，并且创新导向对组织合作与创新绩效之间的关系具有调节作用 2. 实施创新导向的企业，能够调节外部知识获得对产品创新的作用	市场导向战略被作为调节变量具有一定的理论基础。基于资源基础理论，市场导向是企业利用自身和外来资源进行优化配置，从而实现市场绩效过程中的一种文化和行为方式，并能够对企业营销努力与企业竞争优势或者绩效的作用关系产生调节影响
相关 研究者	Winter（2003）、Zott（2003）	Kohli 等（1990）、Panigyrakis 和 Theodoridis（2007）、赵春霞和王永贵（2016）

综上所述，研究者对于创新导向和市场导向的概念界定、作用关系分析等存在一定的差异性，两者属于不同的战略导向概念，其中创新导向强调企业发展以产品、技术的创新作为主要动力和源泉，而市场导向则倾向于将满足市场、顾客需求等为核心思想。

2.3.3　创新导向与市场导向文献评述与小结

综上所述，尽管对创新导向与市场导向的研究比较丰富，但是这些研究多集中于成熟的规模企业，而关于战略导向对新创企业的影响只有少数探索性研究成果。例如，王重鸣和刘帮成（2005）研究了技术型新创企业在技术能力商业化过程中，其战略导向（创新导向与市场导向）的演化问题。王海龙等（2008）研究了不连续创新导向与科技型新创企业成长之间的关系及其路径。杜运周（2010）研究了新创企业的组织合法性在竞争导向和创业绩效间的中介作用。蔡莉等（2010）分析了资源整合在市场导向与新创企业创新绩效间的中介作用。Song 和 Jing（2017）研究了新创企业的市场导向、技术导向与绩效之间的关系等。

通过对现有文献梳理发现，现有研究仍存在以下几个方面不足：一是大多聚焦于某一特定战略导向的作用，只是非常有限地分析了不同战略导向的独自影响。然而，单一的战略导向对于企业发展的促进作用是有限的，平衡若干战略导向才能使企业表现更好。二是战略导向多集中于成熟企业的研究，虽然新创企业中对于企业采用何种战略导向也进行了一定的探索，但总体来看文献较少且结论存在差异，亟须深入探索。三是多关注于战略导向对企业绩效的直接影响或间接作用，作为一种战略指引和资源配置能力的战略导向，可以作为情境变量对企业成长过程施以影响。虽然有少部分研究已经探讨了其作为调节变量的作用，但是对于新创企业权变影响的相关研究仍是少见，未来需要进一步开展研究。四是战略导向与创业管理领域等相关理论结合不够，而目前新创企业蓬勃兴起，为研究提供了源于中国本土企业的丰富素材，具备理论探索的实践条件，亟须深入探究。

2.4　供应链关系质量影响新创企业成长绩效的机制探寻

通过以上理论综述，对研究问题进行聚焦：即重点对供应链关系质量影响新创企业成长绩效的机制进行探寻。

2.4.1　文献分析与研究聚焦

"双创"背景下，各地创业活动蓬勃兴起，新创企业为了取得持续性成长，需要与供应链上下游企业维持良好关系的同时，还需不断提升自身能力，积极应对外部环境的不确定性，以实现健康发展。李新春等（2010）指出，新创企业成长是外部关系与内部能力不断平衡的一个过程。随着经济全球化，竞争已不再是企业之间的竞争，而是供应链与供应链之间的竞争，这就意味着供应链节点企业之间的联系更加密切，企业成长越来越依赖于供应链上下游企业的支持，许多企业选择与供应链组织成员建立战略性合作伙伴关系（贾生华等，2007）。因此，供应链关系管理对新创企业绩效的影响日益受到理论界和企业界的关注，成为研究热点。

本章针对供应链关系质量的理论发展，以及新创企业成长理论与外部关系的研究进展进行了系统的文献梳理，发现供应链关系质量在新创企业中的应用具有重要理论意义和现实价值（彭学兵等，2017；肖鹏，2018）。遗憾的是，已有研究成果多是针对成熟企业进行供应链关系质量理论的分析，针对新创企业的研究成果相对较少。而且国外的研究结论是否能够移植到我国新创企业情境下尚未可知。而在我国"双创"大背景下，新创企业呈现蓬勃发展之势，其成长过程中遇到的问题也比比皆是。例如，《全国内资企业生存时间分析报告》通过对 2008~2012 年我国企业寿命进行统计后发现，企业的平均寿命仅为 6.09 年，新创企业的健康成长已经成为一个亟须解决的现实问题。基于现实背景与理论文献梳理发现，运用供应链关系质量理论来研究新创企业的成长具有特别的意义，因此将研究问题进行聚焦，即供应链关系质量如何影响新创企业的成长绩效。此外，创新导向理论以及市场导向理论对于新创企业的发展具有重要的战略指导价值，为研究新创企业的成长研究构建了更为清晰的情境，而且作为战略导向最为经典的组合，创新导向和市场导向的理论相对比较成熟，运用到新创企业的相关探索研究中能够保障研究的稳健性，本书整合创新导向和市场导向理论，并进行调节机制分析。最后需要说明的是，新创企业的成长是动态发展的过程，因此处于不同成长阶段的新创企业，要能够建立适合当时情境的供应链关系质量，因此供应链关系质量影响新创企业成长绩效的动态机制研究显得必不可少。

2.4.2　调节机制探寻

通过对文献的梳理发现，新创企业的成长是内外部因素共同作用的结果。新创企业由于"新进入缺陷"，需要与外部维持良好的关系来获取成长所需要的资源，这一过程受到企业战略导向的影响（Song & Jing，2017）。战略导向反映了管理者对外部环境的感知以及所需要采取的行动（Gatignon & Xuereb，1997；Hitt et al.，2000），它是企业的一种独特配置资源能力（Deutscher et al.，2016），对新创企业成长具有重要影响。由于我国正处于经济转型升级阶段，且全球经济不稳定因素日益增多，这种外部不确定性给新创企业的成长带来了巨大的机遇与挑战（Zhou & Li，2010）。新创企业一方面需要与外部合作伙伴维持高质量的关系来获取所需资源；另一方面应采取与企业自身情况相匹配的战略导向以更好地应对挑战，抓住机遇。

许多学者将战略导向分为创新导向与市场导向（Berthon et al.，1999），并进行了深入研究。现有文献表明，以创新为导向的企业，注重采用新技术，并能够将创新成果嵌入企业生产运营与产品服务中，以实现顾客价值创造（何建洪等，2014）。无论从理论层面还是实践层面来看，一些与供应链上下游合作伙伴维持良好关系的新创企业并没有实现有效创新，而有些与供应链上下游伙伴维持一般关系的企业却实现创新性成长，这表明新创企业通过外部关系所获得的资源，转变成自身创新性绩效的过程中受到多方面因素的影响，其中重要因素就是企业创新导向的影响。

2.4.3　动态演变机制探寻

新创企业成长是一个动态演变过程（Delmar et al.，2003），在不同的成长阶段需要采取不同行动来适应不断变化的外部环境。在新创企业成长的过程中，随着外部环境不确定性的变化，企业与供应链上下游伙伴之间的关系也在不断发生变化。Gedajlovic 等（2013）指出新创企业的社会资本对创业活动影响的本质是互惠互利的，两者之间关系的研究应根据企业所处的不同发展阶段，采用演化的方法来描述这些关系的动态变化。虽然有关新创企业供应链关系质量的研究取得了一定进展，但对新创企业供应链关系质量动态演化的研究相对缺乏（李全喜和孙磐石，2012）。在新创企业成长过程中，企业与供应链上下游企业之间关系的驱动因素、特征及其环境影响是不断变化的，本书基于企业生命周期理论及动态演化机理（Helfat & Peteraf，2003）对此展开研究，以厘清事物之间的纵向动态逻辑关系，分析供应链关系质量影响新创企业成长绩效的演化规律，为新创企业的各个阶段成长提供理论支持和实践建议。

2.5　本章小结

本章主要针对供应链关系质量、新创企业成长理论、创新导向和市场导向的研究成果进行了回顾和梳理，并分析文献的分歧性结论以及未来发展方向，结合现实情境，聚焦研究问题，并就供应链关系质量影响新创企业成长绩效的调节机制以及动态机制进行理论探寻，这也是对供应链关系质量理论以及新创企业成长理论的有益探索和尝试，具有一定的理论价值。

3 探索性案例分析

3.1 问题提出

外部环境变化越来越快，不确定性程度也越来越大，影响了我国企业的生存和发展。从国际上看，美国在与中国企业的合作过程中单方面设置障碍并提高了关税贸易壁垒，甚至终止为中国部分企业提供核心部件，影响了国内企业的快速成长，如中兴手机芯片供应事件等。从国内看，中国政府大力提倡大众创业和万众创新，为创业企业提供了良好的营商环境。根据中国社会科学院城市与竞争力研究中心与企查查大数据研究院联合发布的《2020 中国企业发展数据年报》显示，2013～2020 年全国新设市场主体从 1132 万户上升至 2735 万户，增长 141.6%，其中，新设企业数量从 250 万户上升至 868 万户，增长 247.1%；我国市场主体从 2012 年的 5500 万户增加到 1.44 亿户、活跃度稳定在 70% 左右；发展质量明显提升，高新技术企业、科技型中小企业分别突破 20 万家和 18 万家，企业研发投入占全社会支出的 76.2%；个体工商户作为开展经营活动的特殊市场主体发展到 9670 多万户，成为基层群众的就业容纳器、民营企业的后备力量、畅通国内大循环的微循环和各类企业的协作配套伙伴。许多新创企业通过建立和拓展外部供应链关系，适应环境变化，提升自身能力并获得了快速发展。贾生华等（2007）指出，经济的全球化要求企业必须注重和发展外部关系，从而获得异质性资源，并认为企业与外部组织的供应链战略伙伴关系已经成为企业快速发展的重要手段。也就是说，新创企业对于外部供应链关系质量的认知和关系技能的熟练运用影响企业的持续竞争优势，该方面的研究已经日益受到理论界和企业界的关注，成为研究热点。但是，由于新创企业存在"新进入缺陷"的困境，在开发新资源方面受限，不能满足其生存与快速成长的需要。处于这种情况的新创企业，亟须通过构建外部关系来寻求成长所需资源（Selsky & Parker，2005；Shook et al.，2009；Ndubisi，2011，2014）。

在此背景下，有学者开始使用供应链关系质量来度量和描述企业与外部组织的合作关系（Parsons，2002）。但就研究成果来看，供应链关系质量的概念以及测量尚未达成一致（Hennig-Thurau，2000；Roberts，et al.，2003），主要是研究者倾向于自己研究过程中对于概念的直接理解（Hennig Thurau，2000），因此，造成了后来研究者的迷茫（Huntley，2006；Holmlund，2008；Athanasopoulou，2009）。此外，供应链关系质量与企业绩效的研究出现分歧性结论。

基于现实和理论背景，并通过第 2 章文献梳理，本书将研究问题进行凝练：新创企业供应链关系质量如何影响其成长绩效，其基本机制如何？在对研究问题界定之后，本章将运用探索性案例研究方法，构建供应链关系质量与新创企业成长绩效之间的作用机制模型，以便后文对其进行实证研究。本章主要对三家科技型新创企业进行跨案例研究，试图探索和回答以下问题：供应链关系质量是如何影响新创企业成长绩效的？

Yin（2013）在进行案例研究时提出，案例分析之前需要进行相关理论梳理和预设，以便提高案例分析效度。接下来将按照探索性案例分析的严密步骤，从理论预设和案例分析两部分进行研究，进而提出相应研究命题，并构建研究总体框架。

3.2 理论预设

3.2.1 理论预设

对于供应链关系质量与新创企业成长绩效的关系正逐渐成为研究热点，但研究成果较为少见。已有的相关研究多针对在位企业（相对成熟企业），并且关于两者之间的作用关系尚存分歧。

部分人支持供应链关系质量正向作用于企业绩效。例如，Crosby 等（1990）、Liljander 和 Strandvik（1995）是较早研究关系质量以及供应链关系质量的学者，对供应链关系质量进行了概念界定，即企业供应链伙伴基于以往的交易历史从而对外来合作行为选择的依赖程度，并构建了相应的理论框架，提出供应链关系质量对于企业绩效具有重要的积极作用。Henning-Thurau（2000）认为，供应链关系质量是指能够满足供应链成员需求，对供应链绩效具有促进作用，并提出采用供应链关系质量来度量企业与外部关系时需要考虑交易成本、交互有效性以及需求满足程度三个重要因素。Gaensan（1994）在研究供应链关系质量时提出，信任、沟通、合作对于企业绩效具有重要作用，此外，通过技术交流、人员培训等方式的相互沟通，能够使供应商对企业的产品设计质量、生产工艺以及对接流程更为清楚，从而精确提供各类零部件，确保产品一致性质量，获得良好创新绩效。Tsai 和 Hung（2016）认为良好的供应链关系质量能够与供应链伙伴实现无缝协作，提高合作效率，扩大市场份额，降低交易成本，增加企业利润。根据以上分析，供应链关系质量对于企业绩效具有一定的积极作用。资源基础理论以及资源依赖理论表明，企业为满足自身对外部稀缺资源的需求，需要积极构建与供应链成员的合作关系，从而降低交易成本，促进企业持续发展。

然而，供应链关系质量与企业绩效的研究尚未达成一致结论，有些学者认为两者之间并非简单的正向关系。高质量的供应链关系不仅能给企业带来收益，同样也存在风险。例如，供应链成员之间较强的关系在给企业带来资源获取便利的同时，也会使成员之间安于现状，仅仅满足眼前利益，弱化对外界环境变化的适应能力，最终产生收益递减（Uzzi, 1997；Soda & Usai, 1999；Anderson & Jap, 2005；Villena et al., 2011）。此外，在不确定环境下，较高的供应链关系质量能够保护供应链成员之间受到市场冲击，保持一定的竞争优势，但是在一定程度上也削弱了成员面对外部变化而进行创新的能力。Collinson 和 Wilson（2006）以日本新日钢铁公司与丰田公司为例，研究了嵌入性对关系惯性的影响。新日钢铁公司作为丰田公司重要的供应商，提供了超过 40% 的原材料，两家公司为了加强合作，创立了一个共享式的联合研发机构。研究表明，以联合研发机构为合作平台，通过联合投资以及非正式小组学习等活动强化了跨组织之间的知识共享，但是，因为与供应商、顾客以及其他供应链成员之间的长期频繁互动，却限制了组织学习的效果，影响了创新绩效。许婷等（2017）的研究得出了类似的结论。上述研究表明，企业适度的供应链关系质量能够促进企业绩效尤其是创新绩效，而过度的供应链关系质量可能会给组织创新带来负面影响。

3.2.2　分析思路

Yin（2013）提出案例研究应从理论命题出发，提出理论预设，并给出案例分析的具体步骤，分别是案例研究设计（包括研究问题确定、理论假设提出、分析单元确定、假设逻辑形成、构建解释标准）、案例选择、数据收集和报告撰写等（徐蕾，2012；曹永辉，2016）。在案例研究过程中，可以根据研究需要进行相关步骤的合并。本书按照案例设计和分析两大关键步骤进行跨案例研究。根据 Yin 关于案例分析的步骤，提出预设理论：供应链关系质量能够直接作用于新创企业成长绩效。

3.3 案例设计与分析

3.3.1 案例设计

3.3.1.1 研究方法

本章采用了跨案例（多案例）研究方法，与单案例相比，跨案例研究有利于提高研究的外部效度。Yin（2013）指出，可以通过跨案例的再次重复来更好地检验研究结论，所构建的理论也比单案例研究更具验证性和普适性。从本书研究目的来看，首先，旨在回答如何构建促进新创企业成长的适宜供应链关系质量及其背后机理，属于"how"和"why"问题的范畴，更宜采用案例研究方法。其次，梳理现有的研究成果，已有文献尚没有系统解答关于供应链关系质量影响新创企业成长的内在机理，即使鲜有相关论述，结论多存差异，需用跨案例进行探索研究。最后，研究过程涉及新概念，现有文献尚未对此达成一致意见，需要多个案例的丰富资料予以重复论证。基于以上分析，采用多案例研究方法，构建理论模型，以便能够探索内在作用关系的本质和规律（Eisenhardt & Graebner，2007）。

3.3.1.2 目标案例选取

本章采用理论抽样方法，通过选取典型性企业案例作为研究样本，包括浙江、河南两个省份的三家企业。原因如下：第一，考虑逻辑复制的影响，选取不同地区的企业，以便尽可能消除地区对因变量的影响，从而有利于实现复制逻辑。第二，考虑创业活力的影响，浙江企业和河南企业相较而言，浙江创业活动比较活跃，可以代表中国日益形成的创业型经济，河南创业企业近年来蓬勃发展，能够代表后来的新型创业力量。第三，考虑东西部地区及外部效度的影响。样本企业位于浙江和河南，其中浙江企业处于经济发达地区，具有较高的市场化程度，可以作为东部沿海地区的典型代表；河南的新创企业，能够反映中西部的市场化程度，因此研究结论更具普适性，有利于提高研究结论的外部效度。第四，考虑调研便利和数据收集的影响，样本企业都是笔者所在团队咨询过的企业，更易获得有质量的数据。最终，选取浙江两家新创企业、河南一家新创企业进行研究，企业简介如表3-1所示。

表3-1 案例企业简介

公司名称	成立时间	企业（或总部）所在地	行业类型主要产品	目前所处阶段
A公司（双环）	2006年	浙江杭州	机械传动齿轮	相对完善
B公司（闪铸）	2012年	浙江金华	3D打印机	快速发展
C公司（恒宇）	2013年	河南安阳	电气设备	发展初期

注：截至调研时A公司处于成立期10年以下，符合本书新创企业的界定条件，为了对公司成长进行持续研究，补充了2016年以后的数据。

3.3.1.3 数据收集

（1）资料来源。

Yin（2013）认为在案例研究时，需要通过多种途径来获取研究资料，从而实现交互验证和补充。本章遵循Eisenhardt（1989）关于案例研究收集数据的原则，采用多层次、多来源的资料收集方法，形成数据三角验证。所采集的数据包括一手数据和二手数据：一手数据主要是访谈（深度访谈（见表3-2）和非深度访谈）所获数据。二手数据主要是企业内部档案资料，如企业总结、内部刊物、会议记录、公司网站及媒体介绍、与企业相关的外部文献等。

表3-2 深度访谈的核心要点

深度访谈		核心要点
访谈阶段	3个阶段5次访谈	第1阶段访谈（2次），初次了解性访谈，侧重对企业成长历程及关键事件，以及与外部供应链关系建立的情况做总体了解，分析和发现问题
		第2阶段访谈（2次），因果逻辑探索性访谈，获取有关公司构建供应链关系质量的原因、目前情况以及对企业成长绩效的影响，并获取构建供应链关系质量之后，通过哪些因素影响企业的成长，从而构建供应链关系质量影响企业成长的概念模型

深度访谈		核心要点
访谈阶段	3个阶段5次访谈	第3阶段访谈（1次），信息确认性访谈，主要是和案例公司高管确认收集资料的准确性，并访谈他们关于公司成长过程中对于供应链关系质量发展的情况总结
访谈内容	3个方面核心内容	第一，案例公司基本概况，包括创立背景及发展历程情况 第二，提出开放式问题，描述公司成立以来与合作伙伴所建立供应链关系的基本情况，包括建立时间、构建原因、发展思路、运行效果、合作伙伴情况等。跟进询问：供应链关系合作平台的具体运转情况、管理部门、如何进行沟通、平台建设、投入精力和财力情况、关键事件、外部环境影响等。最后询问：供应链关系构建以来对企业成长有什么影响？对企业哪些能力有所影响，这些因素是怎么影响了企业的成长？供应链关系质量与企业成长的发展阶段有什么关系等 第三，对企业供应链合作伙伴的访谈，如案例企业客户、供应商及同行中高层管理者的访谈，访谈内容除了包含和案例企业中高层管理者基本相同访谈内容之外，还包含了从外部视角对案例企业所处行业重要事件的回顾与描述、与案例企业供应链合作情况等
偏差预防	3条预防偏差措施	第一，进行多轮次访谈：根据案例数据分析要求，进行多阶段多轮次访谈，收集历史数据和实时数据进行对比，减少数据偏差 第二，减少或消除回答者压力：承诺对访谈人进行匿名，并引导回答者对历史数据以及关键事件进行回顾和再现，确保信息相对准确 第三，数据交叉检验：在收集案例企业数据之外，还对企业供应商、客户、同行进行访谈收集相关数据，并询问行业专家意见，最后将不同渠道收集的数据进行交叉验证

　　一手数据主要包括深度访谈，如企业内部人员的深度访谈获得的数据、企业供应链合作伙伴（如顾客、供应商等）访谈及企业同行采访记录等；非深度访谈，如座谈记录、参加会议等获得的数据等。本书最重要数据来源是半结构化深度访谈，笔者通过对受访者分别进行单独访谈，获取翔实的资料信息。

　　在访谈结束后，当天对访谈材料进行整理，并通过和导师组专家、同学就相关资料进行深度讨论，分析不同渠道收集数据的差异性，通过后续访谈予以补充和完善。访谈的具体实施情况如表3-3所示。

表 3-3 关于案例企业情况的深度访谈情况

企业编号	受访者编号	受访者	访谈时长（分钟）	访谈次数（次）
A 企业	A1	总经理	90	2
	A2	生产副总	83	1
	A3	销售经理	126	2
	A4	研发经理	98	2
	A5	采购经理	69	2
	A6	外部合作伙伴（企业客户）	76	2
B 企业	B1	总经理	76	1
	B2	生产副总	87	1
	B3	销售经理	69	2
	B4	研发经理	83	1
	B5	采购经理	65	2
	B6	外部合作伙伴（企业供应商）	82	1
C 企业	C1	总经理	98	2
	C2	生产副总	78	2
	C3	销售经理	85	1
	C4	研发经理	68	2
	C5	采购经理	89	1
	C6	企业同行	78	2

注：略去受访人的姓名，企业访谈人员用"字母+数字"表示，其中 A 企业相关的访谈人员用"A+数字"，B 企业和 C 企业类同；所访谈人员均是对企业成长情况比较熟悉并且至少工作 3 年以上的中高层管理人员。

二手数据：企业内部文件、企业网站信息公布、外部媒体报道及网络有关的评论等资料等。此外，通过多个数据库进行案例数据检索，如 CNKI、维普、万方等。这些文档数据是很有价值的主要数据来源，可用于对访谈资料进行交叉检验和控制回溯偏差。

（2）资料编码。

本书遵循科学性、规范性原则进行编码（Yin，2013；Mirabeau & Maguire，2014）。首先，基于研究主题，进行数据初步汇总和归类；其次，通过三轮讨论，进行编码筛选和审查，确认编码结果一致性；最后，将编码结果反馈给样本企业并进行核实。最终获得了 325 个条目，在此基础上，确定了本书的案例资料库，如表 3-4 所示。

表 3-4　数据编码

资料来源	资料获得方式	编码	条目数（个）
一手数据	深度访谈获得的资料	F1	145
	非深度访谈获得的资料	F2	33
二手数据	企业内部文件	S1	89
	企业网站、媒体报道、网络搜索	S2	36
	外部文献资料	S3	22

注：通过深度访谈获得的资料编号为 F1，针对 A 企业进行深度访谈获得的数据编码为 AF1，其他类推，非深度访谈获得的 A 企业的数据为 AF2。编码中的 F 和 S 分别表示 First 和 Second 的首字母，没有特别含义。

3.3.1.4　信度与效度

根据 Yin（2013）提出的分析推广逻辑，要保证案例研究的信度和效度。具体保障措施以及具体实施阶段如表 3-5 所示。

表 3-5　信度与效度保障措施

指标	案例研究措施	措施实施阶段
信度	制定案例研究草案	研究设计阶段
	建立案例研究资料库	数据收集阶段
	检验数据分析者信度	数据分析阶段
建构效度	采用多元证据来源	数据收集阶段
	构建因果证据链	数据收集、分析阶段
	研究报告企业核实	报告撰写阶段
外部效度	理论文献指导案例研究	研究设计阶段
	复制方法进行多个案例研究	数据分析阶段

指标	案例研究措施	措施实施阶段
内部效度	研究模型与研究结论的匹配	数据分析阶段
	分析与之对立的竞争性解释	数据分析阶段

注：引自许晖2017年发表的《管理世界》的案例研究论文，并有所改动。

3.3.2 案例分析

3.3.2.1 案例企业概况

（1）A企业（双传）概况。

浙江双环传动机械股份有限公司成立于2006年，公司总部位于浙江省杭州市，是一家专注于机械传动齿轮的研发、设计、制造与销售为一体的齿轮专业制造企业。公司主要产品有汽车与电动汽车齿轮、工程机械齿轮、摩托车齿轮、农机设备齿轮等。公司重视产品的持续改进与创新，实现了公司的快速成长并得到客户与社会的认可与好评。在研发方面，与浙江大学、重庆大学等高校合作，拥有机械传动国家重点实验室、计量检测中心、技术研究中心等。在生产设备方面，采用国际先进的全自动化齿轮加工生产线，数控化覆盖率超过95%。在生产管理方面，重视信息化建设，积极推进实施精益化生产与精细化管理。截至2014年底，公司总资产接近30亿元，员工数量超过3000人，获得国家专利24项，其中发明专利4项，先后获得"浙江名牌产品"、"浙江省绿色企业"、"浙江省卓越经营奖"、"浙江省知名商号"等荣誉称号。公司业务遍布全球，在国际市场中具有一定的影响力，已成为一汽、上汽、重汽、博格华纳、博世、康明斯等世界知名企业的供应商。

（2）B企业（闪铸）概况。

浙江闪铸三维科技有限公司成立于2012年，位于浙江省金华市，是一家专注于3D打印研发与生产的企业。公司产品包括3D打印设备、3D设计软件、3D打印耗材以及相关服务，产品能够满足工业、商业、民用等不同层次的用户需求。公司占地面积1.3万平方米，有员工167人，实现月产能 6000 余台。公司重视技术创新，成立之初就与清华大学 3D 打印研发团队建立了友好合作关系，并建立了 3D 打印研发中心与研发实验室，拥有 30 余项国家专利，仅 2013～2015 年就获得专利 19 项。公司先后荣获"国家高新技术企业"、"中国 3D 打印机自主品牌优秀企业"、"中国 3D 打印行业最具影响力国际品牌"等荣誉，并获得 2016 年浙江省创新型示范中小企业、浙江省"隐形冠军"培育企业，2017 年浙江省电子信息产业百家重点企业、浙江省第三批大数据应用示范企业等荣誉称号。闪铸为全球不同领域用户定制了完善的 3D 打印解决方案，产品 Creator Pro 连续多年进入 3D Hubs 年度推荐 3D 打印机排行榜，公司设计的产品 Finder（发现者）荣获 2016 年全球 iF 设计大奖。

（3）C 企业（恒宇）概况。

河南恒宇电气集团有限公司成立于 2013 年，公司坐落在世界文化遗产甲骨文的发源地——河南省安阳市，地处京广铁路、京珠高速公路沿线，交通便利。公司主要产品有高低压开关柜、箱式变电站、非晶合金变压器、电力变压器低压配电箱、照明箱计量箱、启动柜、高低压开关体柜、箱变壳体等。公司产品采用计算机网络管理及设计，经过主管部门检定，产品符合国家标准。公司拥有大吨位汽车吊、柴油发电机、机动绞磨、液压叉车等大型设备及安装机具，可以承揽 10 千伏及以下线路和变电设备的安装施工及维修。在职职工近 300 人，其中，专业技术人员和研发人员 70 余人，产业工人 200 余人，公司具有各类变压器年生产 1.5 万台的生产能力，具有配电箱柜年产 8 万台的生产能力。公司承揽了多项重要的工程配电设施项目，包括中国文字博物馆（安阳）、安阳国际会展中心、市总工会大楼等。

3.3.2.2 案例内分析

本部分对案例数据进行初步分析，对每个样本企业中的供应链关系质量、知识重构能力、营销整合能力和成长绩效进行定性分析，为进一步分析数据和变量之间的关系做准备。

（1）供应链关系质量。

1）A企业（双传）的供应链关系质量。

双传致力于为全球机械传动系统提供卓越的解决方案，公司秉承"专业制造、专心服务"的理念，与供应链上下游伙伴维持高质量的关系，协调运营严格要求敏捷、准确、及时。产品远销北美、欧洲、韩国、美国等国家和地区，获得全球客户认可。

公司凭借其高质量的产品，获得了客户的信任。公司依托"专业化大生产"，本着"好一点，好很多"的经营理念，兢兢业业为产品质量的提升在坚持不懈努力。为确保齿轮精度，近年来，公司每年投资数亿元，从美国、德国、日本等国家购置高精尖设备，如格里森、卡普等设备。同时，积极进行"机器换人"，逐步实现设备转型升级；并全面导入精益生产管理，常年有日本顾问驻场提供咨询和辅导，提升企业的现成管理能力，并培养了一批兼具知识与经验的TPS骨干人才，使公司制造系统处于同行领先地位，正是公司这一点一滴的努力，保证了产品质量。"我们公司经过多年的努力，已经成为客户信任的供应链合作企业，多次获得东安发动机、陕西法士特、上汽齿轮一厂、杭州依维柯、奇瑞汽车、东风变速箱、广西玉柴、沈阳上汽金杯、美国约翰迪尔等客户评定的优秀供应商和核心供应商称号"（AS1）。

公司坚守对供应链上下游企业的承诺，树立了良好的社会形象。"我们公司采购实施招投标制度，设立招投标小组，通过签订协议，实行公开、公平、公正的'阳光采购'制度，公司合同主动违约率为零"（AF1）。对待下游客户，公司建立了顾客投诉意见的快速反应机制。制定了售后服务工作流程，配置重组的资源，建立奖惩机制，确保顾客的投诉及时处理。积极实行生产系统流程再造，提前介入销售订单管理，实行同步工程排产，利用ERP系统缩短制造周期，形成销售与生产系统良性互动。

公司积极通过建立多种渠道与供应链上下游企业保持顺畅沟通。例如，通过免费服务热线、客户调查、业务回访等方式，与顾客进行日常沟通；通过营销会议、展会、网站等，与顾客积极互动，并对有需求的客户进行回访。在供应商管理方面，公司每年从品质、成本、价格、服务水平、交货期、履行合约等方面重新进行评价，从而实现动态管理。通过供应商评价、技术交流、召开供应商会议、高层访谈等方式实现双向沟通；通过召开营销会议、顾客满意度调查、高层互访等方式，与顾客（经销商）建立完善的沟通机制。公司积极鼓励上下游企业参与跨职能团队，促进沟通与合作。公司根据某一时期的目标任务和重点阶段性项目等各方面关键问题，适时组成灵活多样的跨组织、跨部门工作小组。围绕"确定一个项目，选定一批骨干，邀请客户、供应链参与，在学习提升中完成项目"的思路和方法来组建跨部门工作组，打破部门沟通的壁垒，合理搭配知识储备型和实战经验型员工，实现员工优化组合。"如 TPS 推进小组、QC 小组、TPM 小组、CFT 小组、卓越绩效项目组、信息化推进室、项目组等多个跨职能小组，加快知识、经验、信息的快速传递，与外部合作伙伴沟通，有利于公司获得互补性知识，更好地理解客户需求等，进而提升公司的绩效"（AS2）。

公司始终坚持以客户为导向的市场机制，与客户、供应商建立长期和紧密的多元化合作关系。长期坚持本业不放松，凭借多年的专业化生产制造积累，"公司与众多国内外优质客户之间的关系由最开始的产品合作关系，逐步发展为技术与产品合作关系，如博世、比亚迪、一汽等"（AF2）。公司与客户的关系步入共同研制、合作开发、协同进入新市场的双赢模式。公司及时了解客户的需求与期望，根据客户反馈持续对产品质量、服务水平等进行改善，努力为客户提供优质的产品与服务，达到以及超越顾客期望。公司一直致力于深挖客户潜力，朝着培育"亿级"客户的方向，加深与客户多层级、多领域的产品链合作。

2）B 企业（闪铸）的供应链关系质量。

闪铸注重与供应链成员企业之间的关系，主要表现在以下几方面：第一，以高性价比和稳定的质量不断获得客户信任；第二，通过对上下游企业的承诺，维持了长期的伙伴关系；第三，主动与供应链上下游企业建立顺畅的沟通机制，共同分享利益与信息，促进双方良性互动和共同发展；

第四，主动与供应链上下游企业建立广泛的合作关系。具体说明如下：

公司以高性价比和稳定的质量不断获得客户信任。"在成立之初，公司希望能制造每个人都买得起的打印机，随着公司的迅速发展以及对行业的深入研究，公司投入大量资金引进生产设备，不断提升技术研发实力和售后服务水平，以高性价比和稳定的质量不断获得客户信任。顾客的信任是闪铸创新的不竭动力"（BF1）。此外，公司非常关注顾客投诉信息，对于顾客报怨处理单上所提出的问题、责任归属、原因分析、预防与改进措施及改善追踪活动等均进行了详细界定和说明。"公司公开、公平、公正地选择供应商，保证付款及时，保护供应商知识产权。实行分级管理，分层次提供信息共享、资金支持、订单保障、管理输出等支持，逐步建立了彼此之间的信任"（BS1）。

公司通过对上下游企业的承诺，维持了长期的伙伴关系。例如，公司与供应商之间严格履行购销合同，按时付款。对主要供应商实行技术、资金和质量评价，定期或不定期进行评审；并依据评审结果给予主要的优秀供应商一定的商务政策倾斜，进而保证了原材料价格的稳定性。"公司重视产品质量，向所有客户承诺7天无理由退换货，提供1年售后服务，并对主要客户实行政策倾斜，与渠道合作商共同进行项目推广合作，确保顾客获得实惠。随着这些承诺的兑现，维持了与供应商、客户的长期合作关系，提升了顾客的满意度。公司成立以来，顾客的满意度逐年上升，顾客流失率控制在5%以内"（BS1）。

公司主动与供应链上下游企业建立顺畅的沟通机制，共同分享利益与信息，促进双方良性互动和共同发展。为使公司的产品和服务能够更快、更好地为购买者所了解，公司不断拓展渠道触及面以丰富公司客户类别，并依据不同顾客特点进行针对性的推广活动以及沟通方式，最大限度地满足顾客需求。"公司要求业务人员定期走访，随时了解客户及其他合作伙伴的需求和遇到的困难，并协助解决；通过客服电话、电子邮件等受理顾客投诉，与顾客充分沟通，了解顾客需求；每年定期举行各类会议，进行集体会晤，并就市场策略、供应策略、一体化策略、产品策略等进行沟通；公司的中高层定期针对重要客户进行市场走访，了解产品以及售后服务问题"（BS2）。公司通过多种方式和途径，全方位、多角度地与供应链上下游企业进行沟通，积极互动，在增强企业凝聚力的同时，提升了企业的知名度和美誉度，促进企业不断发展。

公司主动与供应链上下游企业建立广泛的合作关系。由于3D打印属于高技术行业，技术能力决定了公司的存亡。"公司非常重视技术研究、新产品开发等科技创新工作，与清华大学建立了长期稳定的产学研合作关系，在3D打印技术领域广泛开展合作，加大对前瞻性、储备性的技术投入及开发，取得了良好的效果"（BS3）。同时，公司积极支持行业协会开展的各项活动，与各级行业协会建立了良好的合作关系。主持并参与了多次协会举办的行业发展论坛、行业形势调研等。行业协会也会及时将产业发展政策、技术动态、行业情况等信息传递给公司，使公司对行业情况有全面准确的了解。公司与重要供应商建立长期合作关系，与战略供货商建立战略合作伙伴关系，保持紧密合作关系；严格履行购销合同，按时付款。与供应商的密切合作关系保证了企业的稳定货源，进而保证了企业产品质量的稳定性。2014年公司与多家知名跨国企业达成战略合作，建设全球渠道市场，在海内外40多个国家和地区发展了超过400个经销商，获得较高的市场份额。

3）C企业（恒宇）的供应链关系质量。

恒宇公司致力于为国内外广大消费者提供先进水平的高低压开关柜、箱式变电站、低压配电箱、照明箱计量箱、启动柜、高低压开关体柜、箱变壳体、非晶合金变压器等电气设备，具有品种规格齐全、质量优良的生产能力。公司在发展过程中，认识到供应链关系质量的重要性，与关键顾客和供方建立伙伴关系。公司始终秉承"诚信为本、用户至上"的企业宗旨，与最重要的顾客和供应商建立战略合作伙伴关系，确定"互惠互利、合作共赢"的战略合作原则。

公司注重自身的诚信经营，并通过多元化服务与合作伙伴建立信任关系。"我们公司严格遵守国家法律法规，与业主、分包商及相关方的业务关系严格按合同办事。并通过多种形式对公司高管进行道德方面的考核，确保公司诚信经营"（CS2）。公司连续多次被安阳市人民政府和河南省工商行政管理局评为"重合同守信用企业"，逐步得到了供应链合作伙伴的信任。此外，公司推出不同产品组合，产品多元化，不断向新型电气领域拓展，开发多种服务方式，提供多方面多角度的全方位服务，致力于成为一站式整体服务商以全面提高服务顾客的水平，从而突出特色，强化品牌，增强信任。公司在建立、维护和加强顾客关系基础上，还对顾客的满意度和忠诚度进行测量，并且还不断推动产品、服务和管理的提升和改进，这样既留住了老顾客又赢得了新顾客，获得了新市场。

公司投入精力和财力，发展与供应商、客户的关系承诺。公司以市场为导向，以顾客为中心，为了维护与供应链合作伙伴的关系，公司决策层投入精力和财力去发展和维护上下游合作伙伴的关系。公司总经理说，"承诺主要是维持一种长久关系的意愿，只有完全承诺的客户才会与其供应商或客户建立起长期、忠实的关系，我们公司对于关键供应商或战略客户，投入了不少的精力，也取得了一定的成效。当然，维护双方的关系可以运用多样化的管理方式，我们还在努力"（CF2）。为了与经销商建立长期的业务合作关系，公司在每个地区设有营销部以帮助经销商推广产品，也会定期登门拜访经销商，同时举办答谢会，每月发送刊物给经销商，赠送礼品，邀请经销商参加活动和与公司高层互动等方式来维护公司和经销商的良好合作关系。公司每年举办两次经销商大会，制定了一套经销商奖励机制，对于特别优秀的经销商，公司会给予一定的奖励，如返点兑换广告礼品等。此外，"为了维持长久合作，公司与供应链合作伙伴建立了共享知识机制，希望能够达到双方相互承诺的要求，促进合作成功"（CS1）。

公司通过沟通渠道，建立了较为有效的沟通机制。"通过年度供应商大会、品质座谈会、质量改善会议、招标采购、高层互访、现场沟通、走访、网站、第三方调查等形式，实现与顾客和供应商从企业文化理念、发展战略到业务信息的有效沟通"（CS1）。"公司与主要顾客和供应商建立了较为稳定的合作关系和通畅的沟通机制，如在与供应商的关系管理中，对于关键的供应商，主要通过年度供应商大会、品质座谈会、质量改善会议、招标采购等方式进行沟通。一般的供应商则通常通过电话、传真，合约/协议，访谈等方式进行沟通"（CF1）。公司与供应商保持沟通，做到第一时间掌握市场动态，并根据市场环境变化，与供应商不定期调整采购价格，在保证公司产品成本稳定的同时，也保证供应商的合理利润，以保证原材料的质量可靠，并按照合同规定及时付款，以达到长期合作的目的。此外，公司高层领导通过在公司内外进行充分的、双向的沟通，将公司的价值观、发展方向及目标传递给全体员工、主要的供方和合作伙伴、顾客及其他利益相关者。

公司与供应链合作伙伴在利益共享基础上保持良好的合作关系。"公司地理位置交通便利，内部产品工艺先进，节能降耗，产品制造成本相对较低，质量稳定，公司主导产品电气设备的施工安装具有一定优势，诸多便利条件保证了和供应链上下游企业的合作"（CF1）。但"在公司发展过程中，尤其是初创时期，对于供应链上下游的合作不重视，仅限于短期交易，影响了公司的稳定发展。现在，公司已经认识到，与外部组织建立良好的供应链关系，可以应对外部环境的动荡，获得成长所需资源"（CF2）。公司在与供应商和合作伙伴的关系上一直致力于建立与企业战略规划和发展方向相适应的合作关系，尤其注重与重要供应商、战略客户建立良好的战略合作伙伴关系，本着平等互利共同发展的原则，大力推动和促进双向沟通交流，建立长期的合作关系，共同提高管理的有效性，实现互利共赢，进而实现公司的长远稳定发展。例如，"对顾客，通过服务精细化、及时性来保障市场占有率和顾客满意率稳步提高，逐步将顾客满意上升为忠诚，扩大战略合作伙伴的比例"（CS1）。

（2）创新性成长绩效与市场性成长绩效。

1）A企业（双传）的成长绩效。

A企业（双传）的创新性成长绩效：公司拥有汽车齿轮工程技术研究中心、博士后工作站、国家企业技术中心等研发机构，具备齿轮技术与工艺的研究与应用、齿轮产品制造智能化和其他相关前沿性领域应用研究的能力。公司已实现高铁齿轮批量化生产能力，自主开发工业用机器人减速器并正在努力实现批量化生产能力。研究院紧盯未来机电一体产品的工业化进程，着力于相关技术和工艺的研究和储备，已拥有一批专利以及工艺秘密。例如，2017年公司实现多项新产品研发和工艺改良，RV设计优化取得显著成效，产品性能达到领先水平，产品系列进一步完善。RV减速机荣获中国机器人产业联盟"金手指奖·2017年最具成长性奖"。截至2017年底，有关机器人减速器共获得发明专利3项、实用新型专利16项。

A企业（双传）的市场性成长绩效：公司在国内设立13个办事处，在国外设立2个业务单位，拥有50多个合作伙伴，出口10多个国家。公司拥有BOSCH（博世公司）、BORGWARNER（博格华纳）、BLACK&DECKER（百得公司）、FIAT（菲亚特公司）、JOHNDEERE（约翰迪尔）、ZF（采埃孚公司）、HYUNDAI（现代）、CUMMINS（康明斯）、中国重汽（SINOTRUK）、CAT（卡特）、FORD（福特）等一批世界500强重要客户，产品遍及世界各地，已成功地走出国门、走向世界。

2）B企业（闪铸）的成长绩效。

B企业（闪铸）的创新性成长绩效：公司是浙江省3D打印联盟副会长单位、国家高新技术企业、金华市级高新技术研究开发中心、金华市工业设计中心等。在FDM、DLP、SLS技术等3D打印领域的研究方面达到国际先进、国内领先水平。公司拥有强大的科研开发和技术创新能力，着眼于桌面级3D打印设备产品的开发，辅以国内外科研机构、高等院校的科研力量，掌握了3D打印设备技术的核心自主知识产权，公司共获得专利19项（13项实用新型专利、2项外观设计专利、4项软件著作权）。还有已受理发明专利3项，实用新型专利6项，此外，仍有多项技术正在研发过程中。并获得2016年浙江省创新型示范中小企业、浙江省"隐形冠军"培育企业、2017年浙江省电子信息产业百家重点企业、浙江省第三批大数据应用示范企业等荣誉称号。

B企业（闪铸）的市场性成长绩效：公司市场绩效逐年递增，2015

年，闪铸科技成为全球最大电动工具公司的唯一 3D 打印供应商，在全球知名电商平台亚马逊，闪铸科技连续 13 个月保持销量第一、口碑第一，产品已销往全球 40 多个国家和地区，并在 23 个国家和地区建立了品牌代理。产品同时销往国内 20 多个省份、百余个城市，宣传及销售网络覆盖全国。通过稳定的质量水平、完善周到的服务及高性价比产品，公司建立了良好的品牌形象和声誉，还积极参加各种公益活动提升企业形象和品牌形象，荣获"中国 3D 打印机自主品牌优秀企业"、"中国 3D 打印行业最具影响力国际品牌"等荣誉。

3）C 企业（恒宇）的成长绩效。

C 企业（恒宇）的创新性成长绩效：公司处于国内或省内领先地位和行业先进水平，部分已形成地方或行业标准，具有良好的发展前景及推广价值，但与行业标杆相比，还有明显差距。公司申请专利 15 项，通过 10 项，已受理 5 项，通过这些技术发明的推广应用，增强了公司竞争力，为公司的发展提供了重要的技术支持。

C 企业（恒宇）的市场性成长绩效：经过奋斗，公司快速发展，把一家仅有 10 多名员工的小公司发展成为资产过亿元、员工 200 余人、年产值 1.5 亿元的集团公司。公司承揽了中国文字博物馆、安阳市总工会、安阳市殷墟文字博物馆、安阳市财政局、安阳市会展中心、安阳市人民医院、安阳市第六人民医院、广发银行安阳支行等配电工程的设备生产及安装工作。所生产的高低压配电柜配电箱，质量好品质优，多次获得政府颁发的"守合同、重信用企业"证书。2017 年公司克服整个电气行业不景气带来的不利影响，通过努力开拓国内市场、加大研发投入力度、降低市场成本等科学有效的措施，公司取得了良好的市场业绩。

3.3.2.3 案例间分析

上文对三家案例企业的供应链关系质量以及企业成长绩效（创新性和市场性成长绩效）等各方面进行了详细描述，接下来将对案例企业中的关系进行比较。首先对涉及的相关变量采用七个等级表示强弱程度。从低到高依次为非常差、很差、较差、一般、较好、很好、非常好。接着进行编码，编码结果是和企业高层及相关专家进行深入讨论和修改之后的结果，如表3-6所示。通过对比分析，归纳出变量之间的相互关系，提出相应的研究命题。

表3-6　案例企业汇总与编号

企业＼变量	供应链关系质量	创新性成长绩效	市场性成长绩效
A 企业（双传）	很好	一般	很好
B 企业（闪铸）	较好	很好	较好
C 企业（恒宇）	一般	一般	一般

（1）供应链关系质量与创新性成长绩效。

首先，根据表3-6中的数据进行对比分析；其次，从收集的一手数据和二手数据中寻找相关证据；再次，和现有的研究成果进行对比；最后，提出相关假设命题，确保研究命题提出的科学性。从表3-6中可以看出，A企业供应链关系质量程度最好，创新性成长绩效却处于一般程度；B企业供应链关系质量处于较好水平，比A低、比C高，创新性成长绩效处于很好程度；C企业供应链关系质量处于一般水平，创新性成长绩效也处于一般程度。将三个案例企业的这些数据放到一起进行分析，呈现出倒U型的关系，因此供应链关系质量与创新性成长绩效可能存在倒U型关系。这在对A企业的访谈和资料收集过程中，也体现出这样的倾向性："我们企业属于上市公司，可以这样说，已经经过初创期，正在快速发展和逐步完善，外部关系也经历了从熟人的'私人关系'到相对规范管理的供应链关系管理阶段，初期及发展期的供应链关系质量对于外部知识的获得和重构具有积极作用，从而提升了企业的创新绩效。但是，近期供应链关系程度较高，在创新发展方面却有所退步"（AF1）。正如Portes和Sesenbrenner（1993）的研究表明，企业与外部合作伙伴的供应链关系能够为企业带来积极作用，但是也会使企业投入过多精力来履行合作义务以保持信任关系，从而因陷入履行义务（Obligation）的烦琐事情，限制了企业追求新机会的能力，给企业创新能力带来一定影响。同样地，Grayson 和 Ambler（1999）指出，企业合作关系具有特定的益处与缺点，在关系给企业带来积极作用的同时，因为过高质量的关系使得企业进入"关系锁定"困境。企业为了保持现有信任关系可能导致没有更多精力和财力去拓展和培育新的关系，给企业创新能力带来不利影响。Abosag 等（2016）也指出，企业的商业合作关系不能单纯用好或坏来度量，任何关系均具有事物的两面性。

（2）供应链关系质量与市场性成长绩效。

通过表 3-6 中的对比情况可以看出，A 企业供应链关系质量很好，其市场性成长绩效也很好；B 企业供应链关系质量处于较好水平，其市场性成长绩效处于较好水平；C 企业供应链关系质量处于一般水平，其市场性成长绩效处于一般水平。这三个企业较为一致地反映了供应链关系质量与市场性成长绩效的趋势。将三家企业放到一起进行分析可以发现，供应链关系质量对市场性成长绩效呈现出正向影响。这和已有理论文献的结论（主要针对在位企业）具有较高的一致性。吴晓云和张峰（2014）指出，企业在成长过程中，为了更加系统和真实地了解顾客需求变化情况，对市场状况进行准确预测，需要建立与外部合作伙伴的高质量供应链关系（Sirmon et al.，2007），从而获得市场决策的有效信息，挖掘市场机会，合理配置和整合营销资源，提升企业市场绩效（Zhan & Luo，2008）。

通过分析，提出以下研究命题：

命题一，新创企业供应链关系质量与创新性成长绩效存在倒 U 型关系。

命题二，新创企业供应链关系质量与市场性成长绩效存在正向影响。

4 研究框架的提出

4.1 总体研究框架

4.1.1 研究问题聚焦

基于第 2 章的文献梳理，结合第 3 章的探索性案例，本章进行逻辑的整理，将研究问题聚焦为：供应链关系质量影响新创企业成长绩效的机制如何？并将研究对象界定为科技型新创企业。现有研究表明，新创企业与在位企业在以下三方面具有显著不同：新创企业经常缺少战略性资源（Hitt et al.，2001；Li & Zhang，2007）、缺少社会合法性和社会关系（Shane & Cable，2002；Shepherd & Zacharakis，2003）、相对较少的正式化的社会角色（Relatively Little Role Formalization）（Aldrich，1999），因此，相较在位企业，新创企业与供应链伙伴之间关系的形成和维持包含了更大的不确定性，需要跨学科的理论和方法进行研究。

新创企业由于"新进入缺陷"，一方面缺乏生存与成长所需的资源和能力，另一方面受制于市场、技术方面的不确定性（Shepherd et al.，2000）。由于依靠自身难以获得所需资源，新创企业必须根据自身资源情况，积极寻求有合作发展意愿并与自己资源相匹配的外部企业，建立高质量供应链伙伴关系，积极互动，共同开拓市场（杨洪涛等，2011），以弥补内部能力的不足和降低创业风险，这一点已经被许多学者和实践者所重视。而新创企业在供应链关系质量的管理方面又往往缺乏经验，以致影响新创企业的后期成长和发展。本书基于本土企业实际情况，从供应链关系质量理论入手，分析其对新创企业成长绩效的影响机制，显得非常重要和及时。

4.1.2　研究视角切入

正如前文所述，供应链关系理论是供应链合作企业实现共同价值或共同利益的理论。那么新创企业如何利用供应链关系质量来提升自身能力，进而提升成长绩效就显得非常重要。新创企业成长过程的研究，既有着与成熟企业成长的类似规律，又有着特殊的发展过程。新创企业能否在激烈的市场竞争中有效地创造和传递价值，这是赢得竞争的关键所在。总之，本书研究的核心，就是以供应链关系质量理论为基础，以价值实现（价值创造和传递）为目的，探究供应链关系质量对新创企业成长的作用机制与演化机制。

4.1.3　总体框架与子研究思路

本书围绕"供应链关系质量对新创企业成长绩效的影响机制"这一框架，从两个方面对两者关系进行科学分析（见图4-1），其中：

子研究1的思路：主要对新创企业供应链关系质量与成长绩效的关系进行初步分析，进一步厘清存在的分歧性结论；在此基础上，引入创新导向和市场导向作为调节变量来分析两者之间的关系。这是对供应链关系质量影响新创企业成长绩效的情景化研究，也是对两者之间的调节机制进行探究。关于调节变量的选择和引入，在第4章进行详细说明。

子研究2的思路：有关新创企业供应链关系质量的研究取得了较大进展，但仍存在一些不足，主要体现在对新创企业供应链关系质量的动态演

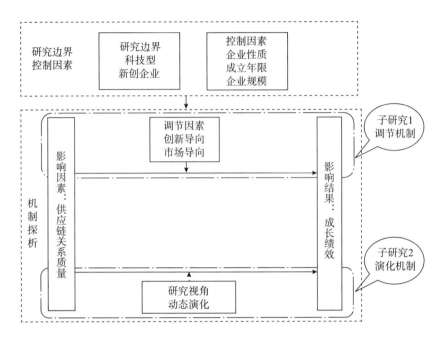

图 4-1　供应链关系质量影响新创企业成长绩效的研究模型

注：实线箭头表示前面变量对于后面变量产生作用及其方向；虚线箭头表示该变量对于前后作用两变量的动态演化作用。

化方面的研究相对缺乏。而事实上，随着企业成长和发展，企业与外部供应链关系的内容和作用却发生改变。Helfat 和 Peteraf（2003）针对能力生命周期理论提出了动态演化机制，该理论对于新创企业供应链关系质量的演化发展具有借鉴意义。为了厘清事物之间的纵向动态逻辑关系，子研究 2 从动态演化视角分析供应链关系质量影响新创企业成长绩效的内在规律，为新创企业每个阶段性成长提供适宜的理论支持和实践建议。

总之，根据分析，本书以科技型新创企业为研究对象，结合动态演化理论，尽可能清晰地构建出本书的总体研究框架，以便全面深入地探究供应链关系质量影响新创企业成长的作用机理。

4.2 子研究及其逻辑关系

根据分析，本书主要分为两个子研究，分别是：子研究 1，供应链关系质量对新创企业成长绩效的影响：调节机制；子研究 2，供应链关系质量对新创企业成长绩效的影响：演化机制。

4.2.1 子研究 1，供应链关系质量对新创企业成长绩效的影响：调节机制

子研究 1 主要研究新创企业供应链关系质量对成长绩效的影响及其调节机制。其中研究边界限定为科技型新创企业，控制因素是企业性质、成立年限及企业规模。其调节机制的影响因素为供应链关系质量，调节因素为创新导向和市场导向，影响结果是企业成长绩效（创新性成长绩效和市场性成长绩效）。本书旨在探析在创新导向和市场导向的情境下，供应链关系质量如何影响新创企业成长绩效。

4.2.2 子研究 2，供应链关系质量对新创企业成长绩效的影响：演化机制

子研究 2 从演化理论视角出发，基于纵向案例探析供应链关系质量对新创企业成长绩效的影响机制。本书在子研究 1 和子研究 2 的基础上，借鉴企业生命周期理论和能力生命周期理论，根据新创企业发展过程中所处的每个不同阶段，分析影响供应链关系质量变化的因素和规律，探究新创企业供应链质量关系影响企业成长绩效的动态演化机制，使得新创企业能够根据自身发展阶段的动态变化构建适宜的供应链关系质量，从而促进企业成长绩效。

4.2.3　子研究的逻辑关系

子研究具有内在的逻辑关系（见图 4-2），其中，子研究 1 主要是厘清新创企业供应链关系质量和成长绩效的作用关系，以及探析在创新导向和市场导向情境下，供应链关系质量如何影响新创企业的成长绩效。子研究 2 是从演化理论视角，分析新创企业建立供应链关系质量的演化发展过程及对企业成长绩效的影响。子研究 2 是在子研究 1 基础上进行的一次探索，也是对子研究 1 的重要补充和完善。

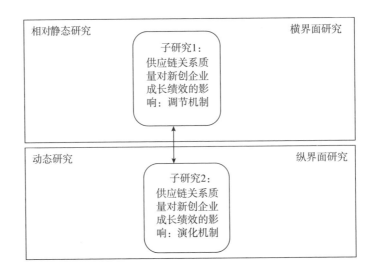

图 4-2　子研究的逻辑关系

注：双向箭头表示研究之间具有相互关系。

总体上，子研究相互独立又相互关联，子研究 1 属于静态的横界面研究，子研究 2 属于动态的纵界面研究。两个研究完整地构成了供应链关系质量影响新创企业成长绩效的逻辑框架和研究范式，能够深刻解析其内在机理，为新创企业提供理论参考和实践借鉴。

4.3　本章小结

　　本章根据现实背景以及文献综述提出研究问题，通过典型性跨案例研究，对研究模型进行探索性构建，提出了相关命题假设，后续篇章将对这些变量间的影响关系进行深入分析与验证。

5 供应链关系质量对新创企业成长绩效的影响：调节机制

5.1 引言

当前，我国政府积极推动创新和创业，并制定了许多优惠政策来鼓励和保障中小企业的发展。但是，我国经济也正处于转型时期，加之外部环境的不确定性，给新创企业的成长带来了一定的挑战。经统计，我国创业企业的失败率较高，影响了部分新创企业的信心（张玉利和王晓文，2011）。在不断变化的大环境下，如何抓住潜在市场机会并变现为企业发展动力，正是新创企业需要面对的主要问题。

研究指出，新创企业具有"新进入缺陷"的劣势，影响了企业资源的开发和利用，但是迅速变化的市场倒逼企业必须寻找互补性资源，以满足竞争需求，从而突破成长困境。那么，寻找供应链战略伙伴关系成为企业获取外部资源的必要选择（Selsky & Parker，2005；Shook et al.，2009；Ndubisi，2011，2013）。国内外学者对与此相关的问题进行了探索研究并提出，技术变革速度的加快、顾客需求的日益多样，为新创企业的发展带来了机遇与挑战的双重影响。新创企业为了获得竞争优势，需要与供应链

上其他组织建立协作关系，从而获得企业成长中所需的外部资源（Hite &
Hesterly，2001；Elfring & Hulsink，2003；Patel et al.，2011；李雪灵等，
2011；梁强等，2016；易锐和夏清华，2018）。

5.2　研究模型与关系假设

5.2.1　研究模型

5.2.1.1　基本研究模型：供应链关系质量与新创企业成长绩效的关系

新创企业成长是在内外部环境作用下，规模从小到大、竞争能力由弱
到强的动态发展过程。为了应对激烈的市场竞争，新创企业需要与外部网
络中的关键资源提供者构建良好关系，从而弥补先天的资源缺陷（Salan-
cik & Pfeffer，1978）。梳理现有文献发现，供应链关系质量与企业绩效的
研究尚未达成一致结论。并且随着外部环境的激烈动荡，顾客需求呈现出
日益多样化的趋势，企业为了成长更为重视与供应链上下游企业的关系
（Choi & Krause，2006）。Gulati 和 Sytch（2007）、Krause 等（2007）、Law-
son 等（2008）、Carey 等（2011）的研究表明，供应链之间的关系质量对
企业绩效具有积极的正向影响，而 Uzzi（1997）、Soda 和 Usai（1999）、
Anderson 和 Jap（2005）、Villena 等（2011）却认为供应链中具有过高的
关系质量在给企业带来相应益处的同时，也存在一定的风险。

基于上述理论分析和实践需要，本章构建了供应链关系质量对新创企
业成长绩效影响的基础模型（见图 5-1）。该模型的研究对象限定为科技
型新创企业，控制因素是企业性质、成立年限及企业规模。其作用机制的
影响因素为供应链关系质量（分为信任、承诺、沟通和合作），影响结果
是新创企业的成长绩效（分为创新性成长绩效和市场性成长绩效）。本章

研究框架与战略管理中的"外部关系（获取资源）—企业绩效"理论相吻合，研究结论能够为新创企业提升其企业成长绩效并有效开展供应链关系管理的实践提供重要参考。

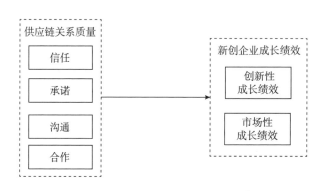

图 5-1　基础研究模型

5.2.1.2　扩展概念模型：调节变量引入

公司战略一直被视为在组织理论研究中起到关键调节作用的因素（刘超等，2013；浦贵阳，2014）。创新导向和市场导向的组合被认为是经典战略导向的关键维度构成，它们共同作用导致企业与外部供应链关系的演化，指导企业采用适宜的供应链关系质量来整合和重构资源，同时，创新导向和市场导向也影响着新创企业的成长。有研究指出，作为企业战略导向的重要维度，创新导向决定着企业的创新方向和创新资源配置（吴贵生等，2011；周小宇等，2016），市场导向决定着企业营销相关的市场行为（杜鹏和万后芬，2006；刘超等，2013），因此战略导向必然影响新创企业供应链关系质量与成长绩效之间的关系，对此，引入创新导向和市场导向作为调节变量，用权变的思想去解释供应链关系质量和新创企业成长绩效之间的关系。图 5-2 展现了供应链关系质量对企业成长绩效的调节机制模型，具体的关系假设以及实证检验在后文详细叙述。

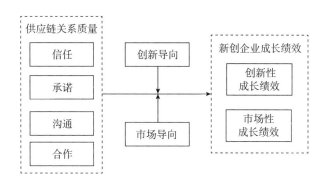

图 5-2　扩展研究模型

5.2.2　研究假设

5.2.2.1　供应链关系质量与成长绩效的影响关系

（1）供应链关系质量与创新性成长绩效的关系假设。

供应链关系质量对企业创新绩效的影响，研究者存在不同观点。部分研究者认为，供应链关系质量与企业创新绩效存在正向关系，如 Uzzi（1997）研究了纽约的服装企业，认为供应链关系应当从企业之间的信任度、信息共享以及协同解决问题能力三个方面进行衡量，并通过实证研究得出，良好的供应链合作关系能够改善企业产品的创新绩效。经过对比分析，作者认为良好的战略伙伴关系相较简单的契约交易关系更能给企业带来竞争优势，使得企业更好地适应外界环境变化，降低新产品研发成本。Kühne 等（2013）提出，供应链企业之间的关系质量有助于整个链内企业的创新能力，并主要从两个方面进行了分析：一是能够整合供应链成员的互补资源，形成高效协作机制；二是高质量的供应链关系有助于创新过程的实施以及创新利益的分配，避免过多矛盾。苏涛等（2017）运用元分析方法对组织之间信任与创新绩效的关系进行了研究，结果表明前者对后者有着积极促进作用；由此认为在面对市场变化和技术快速更新迭代时，供应链节点企业之间的信任关系有助于彼此间进行高质量的知识共享，提升资源协调能力，为创新的实施提供了有利条件。

然而，关于供应链关系质量与企业创新绩效的关系也存在不同声音。

供应链企业之间的合作并非都能形成和谐的合作关系，也不一定能够促进绩效提升。近年来，企业倾向于减少供应链战略合作伙伴的数量，而是专注于与少量合作企业维持高质量的关系，以提升关系租金的成效（Choi & Krause，2006）。如前文所述，虽然有研究表明供应链关系质量正向影响企业运营绩效（Gulati & Sytch，2007；Krause et al.，2007；Lawson et al.，2008；Carey et al.，2011）。但是一些学者认为过高的供应链关系质量在给企业带来利益的同时，存在一定风险。供应链成员之间较为紧密的关系，能够提升知识共享水平，促进创新能力，但是超过一定阈值的过强关系，使得成员企业满足现状，减弱进取精神，对于新创企业的创新活动产生不利影响（Soda & Usai，1999；Anderson & Jap，2005；Villena et al.，2011）。杨建军等（2014）研究了企业大股东与职业经理人之间的情感信任与创新的关系，发现前者对技术突破性创新呈倒 U 型关系。虽然该研究的聚焦点是委托代理关系，但是对于新创企业供应链关系质量影响创新成长绩效具有较强的借鉴价值。

根据分析，提出如下假设：

H1：供应链关系质量对新创企业创新性成长绩效的影响存在倒 U 型关系。

H1a：供应链关系质量中的信任对新创企业创新性成长绩效的影响存在倒 U 型关系。

H1b：供应链关系质量中的承诺对新创企业创新性成长绩效的影响存在倒 U 型关系。

H1c：供应链关系质量中的沟通对新创企业创新性成长绩效的影响存在倒 U 型关系。

H1d：供应链关系质量中的合作对新创企业创新性成长绩效的影响存在倒 U 型关系。

（2）供应链关系质量与市场性成长绩效的关系假设。

随着市场竞争的日益激烈，对于新创企业而言，仅凭组织自身资源将无法满足顾客需求变化，因此新创企业将会积极培育和开拓供应链关系网络，寻求上下游业务合作伙伴的支持，最大限度挖掘有价值的资源，以便能够有效应对市场变化，实现市场性成长绩效不断提升（Chang et al.，2012）。

从市场资源的获取与开发角度来看，高质量的供应链关系有助于新创企业及时获得多元化的市场信息，从而能够最优配置市场资源，提升市场竞争能力。Mohr 和 Nevin（1990）认为组织间高质量的关系可以起到胶水效用，将供应链上下游合作伙伴有机黏结在一起，能够在企业之间传递有效的市场信息（Frazier & Summers，1984），进而有利于市场知识转移（Krause et al.，2007），提升知识开发能力（（Kotabe et al.，2003；Wallenburg，2009）。这些因素反过来又为市场问题的创新解决方案提供了基础（Parmigiani et al.，2011），促进参与式合作决策（Anderson & Weitz，1992），便于协调分散到每个企业的市场资源，形成优势互补及 1+1>2 的整合效应，有效提升市场绩效（Guiltinan et al.，1980；Lusch，2011）。此外，成功的合作经历也会反过来加强供应链企业之间进一步合作的信心，这对于提高合作伙伴的承诺和忠诚不无裨益（Mohr & Nevin，1990），并留住有价值的顾客（Krause et al.，2007）。

与供应链上下游企业维持良好的关系质量，有助于新创企业更好地适应市场，对市场绩效的提升具有积极作用。因为与供应商之间的紧密合作关系能够保障新创企业及时获取高质量的原料，为市场提供适时产品。而与顾客的紧密关系增强了顾客满意度和忠诚度，为长期市场绩效奠定了基础（Mohr & Spekman，1994；Mohr et al.，1996）。有研究指出，当供应链成员企业通过长期的友好合作，将会增强彼此信任和承诺程度，才能够更加深刻地理解如何高效解决市场中存在的问题（Kogut & Zander，1992；Grant，1996），也可以更好地了解合作中应尽的义务和参与规则，并提升在外界市场环境发生变化时做出及时调整的能力（Cousins et al.，2006；Schreiner et al.，2009；叶江峰等，2015）。此外，供应链企业之间的深度沟通有助于减少成员企业之间合作的不确定性（Knobloch & Solomon，2002），促进组织间学习（Powell et al.，1996），扩大共同行动的潜力（Das & Teng，1998），提升新创企业的市场适应性并最终提高市场绩效（Prahinski & Benton，2004；Paulraj et al.，2008；Joshi，2009；吴晓云和张峰，2012）。

较高的供应链关系质量对新创企业的交易频率也存在积极影响，因为供应链企业之间成功的合作经历会促使组织成员更深入地参与到市场协作中（Day，2011）。随着时间的推移，新创企业与上下游合作伙伴将会逐渐形成较高程度的信任—承诺关系，通过频繁的沟通，提升了合作的广度与深度（Carr & Pearson，1999；Claycomb & Frankwick，2004；Cousins & Menguc，2006；Paulraj et al.，2008）。Wong 和 Chan（1999）指出，供应商—购买商双方关系质量对于交易频率和双方满意度存在正向影响，即买卖双方的关系越密切，双方的满意度和交易频率也就越高。新创企业通过紧密的供应链联结关系保持良好的沟通机制，能够有效消除彼此间的误会，减少组织间的信息不对称，增强有效的市场交易频率，有助于提升新创企业的市场性成长绩效（Nooteboom，1999；吴俊杰和戴勇，2013；Odongo et al.，2016）。

根据分析，提出如下假设：

H2：供应链关系质量对新创企业市场性成长绩效的影响存在正向作用。

H2a：供应链关系质量中的信任对新创企业市场性成长绩效的影响存在正向作用。

H2b：供应链关系质量中的承诺对新创企业市场性成长绩效的影响存在正向作用。

H2c：供应链关系质量中的沟通对新创企业市场性成长绩效的影响存在正向作用。

H2d：供应链关系质量中的合作对新创企业市场性成长绩效的影响存在正向作用。

5.2.2.2　供应链关系质量与成长绩效关系之间的调节作用

（1）创新导向调节作用的关系假设。

1）创新导向调节变量的引入。

通过上节分析可以看出，供应链关系质量对新创企业成长具有重要作用，而供应链关系管理的研究应考虑情境因素的影响（Fynes et al.，2004；Fynes et al.，2005）。企业的战略导向反映了企业管理者对外部环境不确定性的理解以及所采取的行动，这被认为是一种独特的资源配置能力，能够指导和影响企业活动与行为以确保企业持续健康发展（Gatignon & Xuereb，1997；Hitt et al.，2000；吴贵生等，2011；Song & Jing，2017）。Zhou 和 Li（2010）、Jiao 等（2013）的研究表明，战略导向对新创企业尤其重要，它有助于新创企业形成关键动态能力，以快速适应环境变化和建立竞争优势，保障企业在动荡环境中生存和发展。

经济的快速发展以及产业转型升级加剧了环境的不确定性，这种不确定性给许多行业带来了巨大机遇与挑战（Zhou & Li，2010；Li et al.，2016）。新创企业面临资源匮乏、合法性不足、竞争对手强大、顾客不信任等不利因素，也难以建立企业价格竞争机制，新创企业往往倾向于选择创新和差异化战略（Chaganti et al.，1989）。而要实现技术创新，新创企业需要重点关注和识别顾客当前和潜在需求，以实现对新产品的针对性开发或者对现有产品的有效性改进。Berthon 等（1999）、Jiao 等（2013）、Song 和 Jing（2017）、王重鸣和刘邦成（2004）研究指出，创新导向与市场导向被认为是新创企业有效的战略选择，受到学术界越来越多的关注。因此，本书聚焦于创新导向与市场导向，并研究其对供应链关系质量与新创企业成长绩效之间关系的影响作用。

创新导向是企业对新事物（如新技术、新产品、新商业模式等）的支持和投入程度，在较大程度上反映了企业对新机会的追求和把握的意愿和能力（Zahra & Covin，1995；胡望斌等，2014）。创新导向对新创企业的生存与发展具有重要影响，易锐和夏清华（2018）研究发现，开发式创新导向通过提升组织的敏捷性来改善新创企业的"新进入缺陷"问题。王海龙等（2008）将科技型新创企业的成长过程看作是一个在不连续创新战略导向下，对企业从外部所获资源与初始资源进行重新组合的创新过程。张婧和段艳玲（2010）以我国制造业数据为基础，研究发现企业创新导向对新产品绩效的促进作用高于基于欧美企业样本研究的平均水平，说明在我国特有文化以及转型经济的背景下，创新导向对企业绩效的影响更为明显。黄寒燕（2011）认为新创企业的创新导向体系构建、运行、维护机制是企业的稀缺、有价值、难以模仿、难以替代的资源，有利于企业维持竞争优势。

资源基础观认为，在企业资源转化为绩效的过程中，受到组织结构、组织战略、权力结构、治理规范等因素的作用，在这些因素中，创新导向对资源的转化效果具有重要影响，并在一定程度上决定了资源转化为创新绩效的效率（何建洪等，2014）。此外，无论是从理论层面还是实践层面上看，一些与供应链合作伙伴维持良好关系的新创企业并没有实现快速创新，而有些与外部组织维持一般关系的企业却实现了创新性成长，这表明新创企业通过外部关系所获资源在转变成创新性绩效的过程中受到多方面因素的影响，其中的重要因素就是企业创新导向的影响（吴贵生等，2011）。

2）创新导向调节供应链关系质量与创新性成长绩效之间的关系假设。

创新导向是企业开放性接纳新事物的一种组织文化（Hurley & Hult，1998），以创新为导向的企业会积极探索新的商业机会，鼓励冒险和创造性，并勇于承担创新所带来的风险。Winter（2003）、Zott（2003）、Jansen等（2006）、Jiao等（2013）、Song和Jing（2017）研究表明，创新导向对企业绩效和持续成长具有积极作用。创新导向是企业克服创新过程中的阻力并成功开发或实施新系统、新工艺或新产品的重要驱动力（杨智等，2009）。创新对新创企业来说是一种高风险和高投入的企业活动，不但需要来自企业内部各职能部门的紧密配合和资源共享，而且需要来自供应链组织成员中的异质性资源作为补充，以便能弥补企业创新成长中的自身缺陷和劣势（杜鹏和万后芬，2007），这就需要新创企业能够和供应链上下游企业之间构建和维持高质量的关系，从而可以充分利用供应链网络中的有效知识并进行整合和重构，保障企业创新成效（Day，1994；Simpson et al.，2006）。

有研究指出，新创企业的创新导向越强，就越能促进企业利用供应链关系质量来提升企业的创新水平。因为，采用创新导向战略的新创企业能够激发员工的创造力，即激发他们产生创造性的想法和解决方案，促进企业员工利用供应链关系主动向上下游企业学习。因此，Eisenhardt 和 Martin（2000）指出创新导向战略反映了企业对市场和技术知识的动态学习能力。Gu 等（2008）认为企业与上下游组织维持良好的合作关系，可以帮助其获得有价值的资源来支持自身创新行为。较高程度的关系质量可以使企业获得较为充足的异质性知识，为企业创新提供来自外部的智力支持和资源供给，通过员工对多元知识的消化、吸收、重构，促进新知识的诞生和应用，实现创新绩效的提升（陈爽英等，2010）。此外，创新导向表征了企业在创新过程中勇于学习、大胆试验、承担和化解风险的动态能力（杨智等，2009），创新导向较高的新创企业能够影响供应链关系对企业成长的作用，从而优化新资源的及时配置，打破现有行业规则，提高技术创新水平（杜鹏和万后芬，2006）。创新导向强的企业可以通过供应链关系的便利条件增强风险意识，识别出具有高回报的商业机会，增强与创新相关的能力来促进企业成长（Stam et al.，2014）。

然而，有人对此提出异议，认为过于强调创新导向，并不利于企业利用外部关系来促进企业创新绩效的提升。因为企业过于重视创新导向，致使企业可能超出自身的核心能力范围来进行创新，而新创企业的资源相对缺乏，必然会求助于其合作伙伴来获得创新所需资源（Peng，2003；李雪灵等，2011），这将使企业在供应链中的地位或权力丧失，不利于企业的长久发展以及创新（杜鹏和万后芬，2007）。此外，还有学者提出，创新导向被认为是新创企业创新绩效增长的关键驱动因素，为了避免专利或技术发明被泄露，因此更关注于内部技术研发，可能会忽略和有意躲避与合作伙伴的联合创新，造成所创造的新产品脱离市场需求，增加投资费用等，导致较高的市场风险，不利于企业创新绩效的提升（Villena et al.，2011）。

综上所述，关于创新导向的调节作用仍存分歧，但是创新导向在供应链关系质量影响企业创新绩效的积极作用还得到了较多学者的认可。大多数学者认为企业与供应链外部组织成员间构建良好的关系质量，有利于企业获取外部关键资源，而这些资源的有效利用需要实施创新导向战略才能实现优化配置（Zhao et al.，2008）。Zhao 等（2011）指出，企业实施创新导向战略，为获取更多新技术提供可能，有效促进供应链知识获取、重构和应用等环节的形成，积极推动知识螺旋的顺畅运转，最终保障新创意转化为新产品或新服务并推广至市场（霍宝锋等，2013）。综上所述，关系质量将供应链外部的知识和技术等资源融合到企业创新价值链的运转之中，整个过程需要创新导向的战略支持。

根据分析，提出如下假设：

H3a：创新导向在供应链关系质量与创新性成长绩效倒 U 型关系中起着正向调节作用。

3）创新导向调节供应链关系质量与市场性成长绩效之间的关系假设。

企业与供应链上下游企业建立与维持高质量的合作关系，有利于企业之间营销活动的开展，对于企业获得竞争对手难以模仿与复制的市场竞争优势至关重要。关系质量是关系管理的本质（Walter et al.，2003；Palmatier et al.，2008）。关系营销理论认为，企业不仅要关注对市场交易关系的管理，而且要选择与之相匹配的战略，以实现持续的市场竞争优势。因此，新创企业与供应链上下游组织之间的关系质量与其市场性成长绩效之间的关系可能受到企业战略导向的调节，本部分将研究创新导向对两者关系的影响作用。

从顾客价值创造角度来看，创新导向意味着企业需要不断进行创新，以更好地为顾客创造价值。创新导向高的企业需要及时高效地获取先进技术与市场需求的新信息，因此企业开展与供应链上下游企业的沟通交流与合作的意愿更为强烈。高质量的供应链关系有利于顾客需求信息、行业技术知识的传播与共享，进而使新创企业所生产的新产品更好地满足顾客需求，扩大市场份额。此外，实施创新导向战略的新创企业致力于创造良好的学习氛围，鼓励企业员工主动向供应链上下游企业学习技术、管理、营销等方面的新知识与经验，以更好地为顾客创造和传递独特价值，进而提升新创企业的市场性成长绩效（吴晓云和张峰，2014）。

从企业对市场环境的适应性角度来看，创新导向意味着企业需要不断进行创新，以更好地适应快速变化的市场环境。供应链关系质量关注的是企业与外部合作伙伴对互补资源的获取，反映了企业对外部资源依赖的逻辑。而创新导向是一种将企业资源转化为产品创新的战略路径，反映了企业对资源利用的逻辑（周小宇等，2016）。因此，创新导向能够促进新创企业从供应链上下游企业获取互补资源并进行优化配置，进而适应快速变化的环境，提升企业市场性成长绩效。

根据分析，提出如下假设：

H3b：创新导向在供应链关系质量与市场性成长绩效的关系中起着正向调节作用。

（2）市场导向调节作用的关系假设。

1）市场导向调节变量的引入。

市场导向强调对顾客和市场的关注，反映了企业重视顾客并为顾客创造价值的程度，企业通过对产品或服务的创新与改进，将其市场努力与长期利润目标相结合，更好地满足客户当前和潜在的需求（Narver & Slater，1990；Panigyrakis & Theodoridis，2007）。

然而，关于市场导向战略的研究多见于成熟企业的相关文献中，对于新创企业市场导向的研究相对较少。学者们更多地采用创业导向来研究对新创企业的影响，因为创业导向强调了企业的探索性活动，并受到高风险以及不确定的限制。但是，近年来部分学者认为新创企业应该采用市场导向战略来平衡创业过程。在现有文献中，已有部分学者对市场导向的作用进行了探索研究。例如，Narayandas 和 Rangan（2004）指出，新创企业由于"新进入缺陷"，缺乏相关营销资源，而通过市场导向，将有利于新创企业对市场信息的正确把握并能获得一定的市场回报。蔡莉等（2010）研究发现，新创企业实施市场导向，一方面有助于企业了解市场需求，另一方面有助于企业对所获得的市场资源进行整合，进而实现企业绩效的提升。由此可以看出，实施市场导向战略的新创企业将更加重视建立与外部的供应链关系。在市场导向下，高质量的供应链关系有助于新创企业精确识别竞争者、顾客、供应商等市场参与者的动态变化，并能够快速应对这些变化带来的不确定性，提升产品和服务质量来构建市场竞争优势。王重鸣和刘帮成（2005）的研究表明，以市场为导向的新创企业始终将为顾客创造并传递优异价值置于首要地位。新创企业将其核心技术成功商业化的过程中，需要有效地嵌入其所在的供应链，并以市场需求为导向，将核心技术通过与供应链合作伙伴的有效融合进行市场化运作，以实现核心技术的经济与市场价值。因此，市场导向是影响新创企业成败的关键因素之一（孙爱英和周竺，2008；池军和田莉，2009）。基于以上分析可知，在研究供应链关系质量影响企业成长绩效过程中，讨论市场导向的情境影响具有重要意义，因为市场导向反映了市场经济的本质，以市场为导向的新创企业更有能力在竞争、多变的环境中生存和发展（Zhou et al.，2005）。

2）市场导向调节供应链关系质量与创新性成长绩效之间的关系假设。

新创企业在成长过程中，实施市场导向战略将促使企业更为关注消费者偏好，致力于通过外部关系获得互补资源并进行有效整合从而满足消费者需求（Jaworski & Kohli，1993）。市场导向为新创企业更好地进行创新提供了战略上的指引，而构建良好的供应链关系质量，则有助于新创企业准确获取消费者以及竞争对手等市场信息，从而更为系统和深入地了解市场的真实需求，促使新创企业不断提升产品工艺以及产品质量，甚至进行产品的全面创新，为顾客创造新的价值。Narver 等（1990）、Kohli 和 Jaworski（1990）研究指出，市场导向战略影响企业的创新行为以及创新绩效。市场导向促使新创企业从高质量的供应链关系中获取有关市场知识并进行整合和重构，通过创新努力对市场变化做出积极反应（Jaworski & Kohli，1993）。秉承以满足顾客需求为中心的市场导向战略，能够保证新创企业在对营销资源整合过程中不会迷失方向，避免盲目创新带来的资源浪费和损失。而且，其创新成果以市场为中心，始终围绕顾客需求展开，真正实现了所设计即为顾客所需，促进企业创新绩效的提升。此外，新创企业实施市场导向战略能够有效引导企业努力方向，保证资源的最优配置。由于新创企业具有资源局限性，所获取的外部资源需要通过关系投资才能获得，对企业创新的有效性具有重要影响。新创企业借助高质量的供应链关系，并在市场导向影响下，能够将外来异质性资源进行高效整合，为产品和服务创新提供顺畅实施的运作条件。Damanpour（1991）的研究指出，市场导向战略能够降低新创企业在进行技术创新时与供应链成员企业所产生的冲突，调节企业与供应链上下游合作伙伴的合作关系，增强整个供应链的协调与沟通能力，降低企业间存在的认知偏差和利益冲突，保证供应链知识顺畅流通，有利于新创企业获得最新顾客需求、行业先进技术等，进而促进企业创新性成长绩效的提升。

然而，杜鹏和万后芬（2006）研究指出，如果新创企业过于强调市场导向的调节作用，则可能负向影响供应链关系质量与企业创新绩效的关系。因为市场导向鼓励并支持对现有顾客需求满足所做出的创新努力，而真实的需求受限于顾客个人知识以及表达能力，顾客所表达的需求并不一定是有效需求，从而影响了企业的创新成效。Christensen 和 Bower（1996）的研究表明，过分重视顾客意见并迎合顾客需求，可能只是关注了市场方面的维持性创新，而非技术的突破性创新。Akman 和 Yilmaz（2008）也提出，市场导向将强化组织的模仿力而使企业陷入能力陷阱，从而抑制创新的发展。

以上研究表明，关于市场导向作用以及对新创企业供应链关系质量与创新性成长绩效的影响存在结论分歧，但总体来看，相对较多的研究者对于市场导向的正向作用给予了积极支持，尤其是市场导向作为情境变量对前述两者的正向调节作用也持肯定态度（Narver & Slater，1990；Kohli & Jaworski，1990）。

根据分析，提出如下假设：

H4a：市场导向在供应链关系质量与创新性成长绩效的倒 U 型关系中起着正向调节作用。

3）市场导向调节供应链关系质量与市场性成长绩效之间的关系假设。

市场导向是一种由外而内的组织过程（Day，1994），反映了企业不断努力搜索外部市场信息并进行资源整合的发展战略，提升了企业为顾客创造价值的效率与效果。虽然市场导向也常被认为是企业绩效的先决条件（Moorman & Rust，1999；Verhoef et al.，2015），但是市场导向在企业通过外部关系获取资源的过程中发挥着重要影响作用。根据资源基础理论，市场导向战略具有成为调节变量的理论基础，市场导向促使企业从多种渠道来了解顾客需求，实现产品的精确定位，并影响着企业利用内外部资源进行市场努力的方向，以帮助企业获取市场竞争优势（胡杨成和蔡宁，2008）。

以市场为导向的企业强调对外部市场信息的获取和利用能力（Kohli & Jaworski，1990；Kohli et al.，1993），因此市场导向明确了企业资源获取与配置的方向。在市场导向下，企业需要具备准确洞察市场行情的能力，及时掌握并预测市场需求变化。要实现此目标，新创企业需要有目的地从供应链上下游企业获取能够满足市场需求的资源，而高质量的供应链关系是保证这一过程顺利实施的基本前提。Fynes 等（2004）研究表明，供应链关系与企业产品和服务质量正相关，在市场导向下，高质量的供应链关系有助于新创企业提供满足顾客需求的高质量产品与服务，提升了顾客的满意度与品牌忠诚度（Ketchen et al.，2007），进而促进了新创企业的市场性成长绩效。市场导向要求新创企业进行跨部门、跨组织的协调与沟通，有助于降低组织内外冲突，增强市场凝聚力，进而为顾客创造独特价值（Narver & Slater，1990；刘超等，2013）。张妍和魏江（2014）指出，市场导向要求企业能够对市场需求做出及时有效的响应，并建立以顾客需求为中心的组织设计原则。赵春霞和王永贵（2016）认为，市场导向对于协调通过外部关系所获资源的冲突过程具有积极影响，能够促使企业之间为了共同市场目标进行高效沟通，纠正认知偏差，降低冲突和内耗，将创业企业所获取的外部资源或知识进行有效转化，实现企业市场绩效的提升。

根据分析，提出如下假设：

H4b：市场导向在供应链关系质量与市场性成长绩效的关系中起着正向调节作用。

5.3 研究设计

5.3.1 问卷设计

问卷设计的科学性、合理性、规范性是保证研究信度和效度的重要前提。本章根据部分学者的研究，主要通过以下四个步骤进行问卷设计。

5.3.1.1 文献研究与田野调查相结合

根据本书的研究设计，首先，对供应链关系质量、创新导向、市场导向、新创企业成长绩效等相关变量的文献进行梳理和研读，重点借鉴国际权威期刊中的相关测量量表及题项，进行对比分析和筛选，形成初步英文量表。其次，邀请两位相关专业博士各自进行翻译，然后将翻译结果进行对比，以减少翻译过程中出现的表达歧义以及语言不通等问题，并与国内已进行过实证检验的相关量表进行比对，形成问卷原始初稿。最后，进行企业调研，与8家新创企业的创始人或总经理进行半结构化访谈，针对其公司与供应链上下游企业之间的关系质量、战略导向、企业成长性等情况进行深度沟通，并根据访谈结果对问卷题项予以修改，形成较为完整的第一稿。

5.3.1.2 与相关专家进行讨论，对问卷进行修订

主要通过两个步骤完成问卷的修改和完善。第一步，通过团队学术例会时间，就相关的问卷设计情况进行学术汇报，征求导师以及团队合作导师及博士生同学的意见，就第一稿中的题项结构，内容表达等问题进行修改。第二步，向创新创业领域的多位老师（博士生导师、硕士生导师）进行请教，根据他们的建议，再次就相关题项进行完善，形成第二稿。

5.3.1.3 与新创企业高层进行讨论，对问卷再次进行修订

根据第二稿的变量测量题项，对10名新创企业的高管进行访谈测试，

根据受访者对供应链上下游企业之间的信任、承诺、沟通、合作、市场导向、创新导向、新创企业成长绩效等概念的理解和反馈，进行适当微调，以便能够反映出企业测量的客观情况，形成第三稿。

5.3.1.4　问卷预测试，形成研究问卷终稿

经过三稿之后，对调查问卷进行小样本实证测试，并对相关变量的信度和效度进行分析，删除信度较低的题项，形成最终正式稿（见附录）。

本书研究的调查问卷包括五个部分：第一部分是企业基本情况，主要涉及公司名称、公司所属行业、员工数量、成立年限、销售额、公司性质等基本信息。后面几部分分别对供应链关系质量、创新导向、市场导向、新创企业成长绩效进行测量，测量方法采用 Likert 7 级量表，分数从 1~7 依次递进，其中，1 表示完全不符合，2 表示比较不符合，3 表示有点不符合，4 表示一般，5 表示有点符合，6 表示比较符合，7 表示完全符合。

5.3.2　变量测度

为确保测量工具的效度及信度，本书对相关变量的测量题项在借鉴经典文献的基础上进行科学设计，主要包括解释变量供应链关系质量（包括信任、承诺、沟通和合作），结果变量新创企业成长绩效（包括创新性成长绩效和市场性成长绩效），调节变量创新导向和市场导向，控制变量企业年限、企业规模和企业性质。

5.3.2.1　解释变量

解释变量是供应链关系质量，本书将供应链关系质量分为 4 个维度，分别是信任（Trust）、承诺（Commitment）、沟通（Communication）和合作（Co-operation）。如表 5-1 所示。

表 5-1　供应链关系质量维度测量

变量	指标具体内容描述	测量依据
信任	1. 我们与供应商、客户相互信任 2. 当生产或经营出现困难时，供应商、客户能够主动提供帮助 3. 我们的供应商、客户具有良好的声誉	Crosby（1990）、Ndubisi（2014）、Sariola 和 Martinsuo（2016）、徐可等（2015）、李雪灵和申佳（2017）

变量	指标具体内容描述	测量依据
承诺	1. 我们希望能继续维持与供应商、客户的关系 2. 我们愿意投入更多的金钱或精力来发展与供应商、客户的关系 3. 我们希望与供应商、客户的关系会越来越稳固	Holmlund（2008）、Nyaga 和 Whipple（2011）、Sariola 和 Martinsuo（2016）、李雪灵和申佳（2017）
沟通	1. 与供应商、客户及时、主动地提供对方所需的信息 2. 与供应商、客户通过非正式途径交换信息，且比较频繁 3. 对于影响与供应商、客户关系产生影响的问题十分了解	Lages 等（2005）、Jiang 等（2016）、徐可等（2015）
合作	1. 在产品设计方面与供应商、客户广泛合作 2. 在工艺设计方面与供应商、客户广泛合作 3. 在预测和生产计划方面与供应商、客户广泛合作 4. 能够共同解决合作中出现的问题	Fynes 等（2004）、Song 等（2012）、徐可等（2015）

5.3.2.2 结果变量

本章的被解释变量是新创企业的成长绩效，包括创新性成长绩效和市场性成长绩效，因为这两个绩效更能反映新创企业的成长。创新性成长绩效主要描述新创企业的长远发展和未来成长潜力，市场性成长绩效更能体现新创企业的生存和现实竞争能力。如表 5-2 所示。

表 5-2 创新绩效与成长维度测量

变量	指标具体内容描述	测量依据
创新性 成长绩效	1. 来自新产品的销售额不断上升 2. 来自新产品的利润不断上升 3. 专利申请数量不断增加 4. 新产品达到了预期的利润目标 5. 我们比行业竞争对手更快地推出新产品	Laursen 和 Salter（2006）、Zhang 和 Bartol（2010）、肖鹏（2018）
市场性 成长绩效	1. 与同行竞争者相比，公司销售额增长率较高 2. 与同行竞争者相比，公司销售利润增长率较高 3. 与同行竞争者相比，公司资产收益增长率较高 4. 与同行竞争者相比，公司市场份额增长率较高 5. 顾客愿意不断购买并使用公司已有及新开发的产品或服务	Garvin（1987）、Prajogo 和 Sohal（2006）、肖鹏（2018）

5.3.2.3 调节变量

本章的调节变量为创新导向和市场导向，其中创新导向的测量题项以及测量依据如表5-3所示。

表5-3 创新导向维度测量

变量	具体指标内容描述	测量依据
创新导向	1. 管理层非常重视创新 2. 管理层强调为战略发展需要进行创新 3. 管理层强调开发和利用新资源 4. 我们积极地寻找创新的管理理念 5. 我们愿意接受有研究成果支持的技术创新	Hurley 和 Hult（1998）、Sirmon 和 Hitt（2009）、杨智等（2009）、魏江等（2014）、林嵩和刘震（2015）

市场导向测量题项以及测量依据如表5-4所示。

表5-4 市场导向维度测量

变量	具体指标内容描述	测量依据
市场导向	1. 能够将客户需求融入产品设计中 2. 经常调查商业环境的变化对客户的影响 3. 当重要客户或者市场发生重大变化时，整个组织能在短时间内知晓这些信息 4. 对客户产品或者服务需求的变化反映较为迅速	Narver 和 Slater（1990）、Baker 和 Sinkula（2007）、魏江等（2014）、林嵩和刘震（2015）

5.3.2.4 控制变量

在文献研究以及访谈基础上，发现新创企业成立年限、规模、性质等外部变量往往会对企业成长绩效带来影响（贺小刚，2006；曹永辉，2016），因此将新创企业年限、规模、性质作为控制变量。

（1）企业年限。

成立年限是影响新创企业成长绩效的一个重要因素（Zahra et al.，2000；浦贵阳，2014；曹永辉，2016）。相较刚刚成立的企业，存活时间越长的新创企业越能够熟练处理供应链关系中的各种问题，具有较强的关系管理能力，也会通过供应链关系获得成长需要的资源和知识。因此，将企业年限作为研究的控制变量。本书对企业年限的界定是指企业从成立时起到调研截止时所存活的时间长度。

（2）企业规模。

对于企业规模的测定一般有两种方式：一是用员工数量表征企业规模，具体是将企业员工总量进行自然对数转换来测度规模（浦贵阳，2014）；二是采用企业销售额来测量规模，具体参照我国统计年鉴上的分类标准，分别以4000万元和4亿元作为规模分界线，分为小（小于等于4000万元）、中（大于4000万元且小于等于4亿元）、大型（大于等于4亿元）企业（曹永辉，2016）。考虑到年度销售额更能反映新创企业的成长状况，因此采用该指标来测度企业规模。

（3）企业性质。

新创企业性质不同，管理方式存在差异，这些各具特点的新创企业可能对供应链关系质量的开发和维护存在不同做法（贺小刚，2006；曹永辉，2016），因此需要考虑企业性质的影响作用。根据新创企业性质的不同，分为国有新创企业（含国有控股）、集体新创企业（含集体控股）、民营新创企业（含民营控股）和外资新创企业（含外资控股）四类。

5.3.3　数据收集

本书采用问卷调查法来收集研究中的相关数据。在调查对象上，选取的是以科技型新创企业作为样本。在调查区域上，主要覆盖长三角区域（浙江省、上海市、江苏省）、珠三角区域（广东省）、东部代表性省份（山东省）、中部地区（河南省）以及西部地区（陕西省）7个省份的科技型新创企业。

本次调查集中在2017年1月15日至6月15日，历时5个月，共发放问卷450份。调研问卷的发放方式包括：①现场发放。利用研究中心对新创企业进行管理培训的机会，现场发放问卷；同时，利用企业评审以及研究团队开展横向课题等机会进行当场发放。②电子邮件发送。通过研究中心和政府部门合作的便利条件，经政府部门提供的新创企业名录和联系方式，经电话或电邮沟通后通过 E-mail 向企业发送调查问卷。③委托熟人，如同学、朋友等个人关系进行问卷发放。最终共回收问卷 355 份，63 份无效问卷被予以剔除，回收有效问卷 292 份，有效回收率为 64.89%（见表 5-5）。

表 5-5 不同渠道数据收集数量统计

收集渠道	发放数量（份）	回收数量（份）	回收率（%）	回收有效问卷数量（份）	有效回收率（%）	总有效回收率（%）
现场发放	150	129	86.0	106	70.7	
电子邮件	150	106	70.67	88	58.7	64.89
个人关系	150	120	80.0	98	65.3	

5.3.4 无回答偏差与共同方法偏差检验

5.3.4.1 无回答偏差

无回答偏差（Non-response Bias）是指潜在答题者对调查问卷没有进行填写，给样本数据造成偏差。究其原因，一是无意不回答造成的问卷没有填写，这可能是答题者遗忘答题或者将问卷丢失等原因造成的结果，这种类型的不回答问卷给整体样本统计带来的影响相对较小。二是有意不进行回答问卷，主要原因可能是答题者对于某些问卷题项比较敏感，刻意回避答题，这种类型的不答题对于样本数据影响较大，导致因缺少某种类型样本而影响样本统计产生偏差。

为了对无回答偏差进行检测，笔者通过致电相关没有回答的潜在答题者，询问具体原因，统计出来大多是因工作忙没有时间答题以及因为遗忘没有答题，这属于无意造成的回答偏差。接着，通过 t 检验对无回答偏差进行检验。采用两种方式：一是将不同时间段采集的样本进行题项对比分析，检验是否存在显著差异。本书抽取了最先和最后收集到的 40 份样本，对核心变量进行 t 检验，发现这些变量在均值上不存在显著差异。二是抽取相同数量的回答问卷和未回答问卷，并对这些企业在规模、性质、成长年限等企业基本信息方面进行对比分析，检测是否存在显著差异。本书随机抽取 40 份已回答样本和 40 份未回答样本进行基本资料的对比分析，并未发现这些样本企业在基本信息方面存在显著差异。因此，研究中的未回答偏差并不严重。

5.3.4.2 共同方法偏差

共同方法偏差（Common Method Bias）是由于测量方法对样本数据统计产生系统性测量误差，影响变量之间关系的检验（Podsakoff et al.，2003）。为了预防共同方法偏差给模型分析带来影响，需要对共同方法偏差产生的问题进行预防和检验，接下来将进行详细分析。

（1）共同方法偏差的预防。

主要通过三个方面对共同方法偏差进行预防，一是优化问卷设计。对问卷题项采用科学的方法进行设置，并在问卷说明中明确调查的目的仅仅用于学术研究，保证对答题者个人信息以及企业信息的保密性，并允许答题者采用匿名方式答题，减少答题者的疑虑造成数据采集失真。二是在进行实际测量时，可以加入标签变量（Marker）。目的是用来评估共同方法偏差造成的潜在影响，而在数据分析时，可以对其控制，用于减少因共同方法偏差给数据分析带来的干扰（Podsakoff et al.，2003）。三是调查过程中采用时空分离方式收集资料。具体就是将样本数据收集时间进行阶段划分（本次调研将 5 个月时间分成两个阶段），调研对象尽量选择不同区域，从而实现样本数据采集的时间和空间分离，减少共同方法偏差的影响。

（2）共同方法偏差的检验。

将调查问卷进行收集后，需要对共同方法偏差问题进行检验，研究中主要使用 Harman 单因子检验方法。具体做法是：将所有测量指标放入一个因子中，查看因子分析结果。如果第一个因子的解释方差比例超过 25%，认为比例过高，说明存在共同方法偏差，反之，认为共同方差问题并不严重。本书对供应链关系质量、创新导向、市场导向、创新性成长绩效、市场性成长绩效的所有指标进行了因子分析，第一个因子的解释方差比例为 19.56%，低于 25%。此外，标签变量与其他潜变量均不具有显著相关性，这说明研究中共同方法偏差问题并没有较大影响。

5.3.5　研究方法

研究方法主要包括基本统计分析、信度检验的 α 系数法、因子分析法、结构方程建模分析法、Bootstrap 法等。Bootstrap 法由 Preacher、Hayes 等根据不同研究模型设计了相应的 Bootstrap 程序插件，其中 PROCESS 插件通过具体模型的选定可以实现其他插件的功能。本章在验证调节效应后，采用了 Prescher 和 Hayes（2013）对调节效应的 Bootsrap 检验法。

5.4　数据分析

5.4.1　描述性统计分析

本书主要对长三角区域（浙江省、上海市、江苏省）、珠三角区域（广东省）、东部地区（山东省）、中部地区（河南省）以及西部地区（陕西省）7 个省份科技型新创企业进行调查问卷的发放和收集，共取得有效问卷 292 份。

样本区域：从样本分布区域上看，在浙江省收集的数据最多，为 98 家，占比 33.56%，其次是河南省，数据收集数量为 45 家，占比 15.41%。总体来看，长三角区域的样本企业较多，浙江省、上海市和江苏省加起来的样本数量为 181 家，西部地区收集数量相对较少。

样本行业：从所属行业上看，所属行业比例相对比较平均，其中最多的是电子和信息行业，为 65 家，占比 22.26%。

企业人数：从企业人数上看，100 人及以下的 113 家，占比 38.70%，101~300 人的样本企业 85 家，占比 29.11%，也就是说，300 人以下的样本企业占据比例达到了 67.81%，说明新创企业还是以中小企业为主。

成立年限：从新创企业成立年限来看，3～5 年的样本企业占据比例较高，数量达到 111 家，比例为 38.01%[①]。这说明我国新创企业更多的是在生存期和初步发展期阶段。

企业规模：从新创企业规模上看，年销售额在 4000 万元及以下的样本企业高达 121 家，占比 41.44%，年销售额在 4000 万元到 4 亿元的企业也较多，为 102 家，占比 34.93%。这说明我国新创企业的规模还不大，和我国的实际情况相吻合。

企业性质：从新创企业性质上看，新创企业属于民营企业（或民营控股）的数量达到了 228 家，比例高达 78.08%。这说明我国新创企业还是以民营企业创业为主。

被调查者的人员统计情况结果为：从性别上看，男性占据多数，为 244 人，占比 83.56%；被调查者的职务以高层管理者为主，为 207 人，占比 70.89%，这些人多数为企业创始人或合伙创始人。从受教育程度上看，被调查者以本科为主，为 145 人，达到 49.66%，占近调研数据的一半。

5.4.2 信度与效度分析

5.4.2.1 信度检验

信度（Reliability）是指基于结构变量下的所有观测变量（测量指标）是否高度相关来衡量观测变量的内部一致性。对信度建议可以根据两个方面进行判读：一是因子分析检验测量指标单一维度性；二是 Cronbach's α 系数检验观测变量的内部一致性（Narasimhan & Jayaram，1998）。

（1）EFA 检验测量指标的单一维度性。

因子分析是指将高度相关的测量变量进行聚合，提炼成独立因子的分析方法。采用该方法时，对于因子的载荷系数要大于 0.5。但是，有些观测变量会出现荷载系数大于 0.5 并聚合到两个因子的情形，则说明该观测变量不符合单一维度性要求。接下来在进行 EFA 分析之前，先通过 KMO

---

① 10 年以上的企业在本书中超出新创企业的界定年限，已经作为无效问卷予以剔除，特此说明。

和 Bartlett 球形检验判断是否适合进行因子分析。

KMO 和 Bartlett 球形检验结果表明，所有观测变量的 KMO＝0.825，Bartlett 球形检验的显著性为 0.00，显著小于 0.05，因此，适合进行因子分析。

主成分分析法使用最大变异法对因子进行正交旋转，以确定最终因子个数。结果显示，所有观测变量只在它们应该支持的结构变量上的因子载荷都大于 0.5，满足单一维度性要求。

（2）Cronbach's α 检验观测变量的内部一致性。

接下来运用 Cronbach's α 系数对观测变量的内部一致性进行检验，结果表明，所有变量 α 系数值均大于 0.7，因此，具有较好信度（见表 5-6）。

表 5-6　信度分析结果

结构变量	指标数量	Cronbach's α 系数
信任	3	0.712
承诺	3	0.803
沟通	3	0.859
合作	4	0.746
创新导向	5	0.791
市场导向	4	0.778
创新性成长绩效	5	0.891
市场性成长绩效	4	0.826

在以上分析基础上，进一步对供应链关系质量各因子（信任、承诺、沟通和合作）、创新导向、市场导向、创新性成长绩效、市场性成长绩效进行信度分析。第一，所有题项与总体（供应链关系质量）相关系数均大于 0.35；第二，各变量删除其他任何一个题项后的 α 值都比保留此项的 α 值要小，因此，供应链关系质量的量表具有较好的信度。

5.4.2.2　效度检验

效度是指观测变量对结构变量测量的准确度，通常包括内容效度和构建效度，接下来将进行详细说明。

（1）内容效度。

内容效度是指观测变量表征结构变量概念的符合程度，主要从以下两个方面予以保证：第一，变量题项均采用权威文献中实证检验过的量表加以适当修改而成；第二，通过与学术专家以及企业高管进行深入沟通，就每个具体题项和出现的问题进行修正，保证观测变量与结构变量在概念表达上的高度关联性。

（2）构建效度。

建构效度是指测量变量能够真实测量出结构变量的准确程度。一般将建构效度分为聚合效度（Convergent Validity）和区分效度（Discrimination Validity）。其中，聚合效度是指所有观测变量应该在同一个结构变量上进行收敛的程度；区分效度是指不同结构变量之间的区分程度，它保证了每个结构变量所表达概念的唯一性。

1）聚合效度检验。

根据 O'Leary-Kelly 和 Vokurka（1998）的建议，可以采用验证性因子分析（CFA）检验观测变量的聚合效度，主要有两种检验方法，如表5-7所示。

表5-7　聚合效度检验方法

方法序号	方法具体内容描述	判断标准
方法1	通过观测变量到结构变量之间的因子载荷的大小来判断聚合效度	因子载荷很大（一般需要超过0.5），并且所有因子载荷的t检验值都显著，则认为聚合效度较好
方法2	通过平均抽取方差（Average Variance Extracted，AVE）的大小来检验聚合效度	AVE的数值越高，说明结构变量被这组观测变量测量越准确。一般来讲，AVE大于0.5则说明观测变量对结构变量具有很高的聚合效度

采用第一种方法进行聚合效度检验，结果表明，本章所有观测变量的因子载荷都大于0.5，并且所有的t值都在0.01的水平上显著（t值大于2.58），CFA的拟合指标为 $\chi^2/df = 1.645$、$RMSEA = 0.054$、$NNFI = 0.92$、$RMR = 0.056$，变量聚合效度较好。采用第二种方法再次检验聚合效度，AVE结果如表5-8所示。表中所有变量的AVE值都大于0.5。因此，可以认为本章变量满足聚合效度要求。

表 5-8　用 CFA 和 AVE 检验聚合效度的结果

结构变量	观测变量	因子载荷	t 值	AVE
信任	XR1	0.79	11.65	0.720
	XR2	0.72	9.82	
	XR3	0.68	8.17	
承诺	CN1	0.64	8.09	0.681
	CN2	0.76	10.60	
	CN3	0.67	8.24	
沟通	GT1	0.68	8.16	0.723
	GT2	0.75	10.35	
	GT3	0.72	9.82	
合作	HZ1	0.70	9.64	0.712
	HZ2	0.62	8.03	
	HZ3	0.69	8.66	
	HZ4	0.72	9.83	
创新导向	CXDX1	0.70	9.53	0.614
	CXDX2	0.71	9.70	
	CXDX3	0.66	7.93	
	CXDX4	0.73	9.84	
	CXDX5	0.76	10.59	
市场导向	SCDX1	0.63	7.42	0.632
	SCDX2	0.71	9.29	
	SCDX3	0.68	8.85	
	SCDX4	0.76	10.58	
创新性成长绩效	CC1	0.62	8.28	0.625
	CC2	0.66	8.53	
	CC3	0.63	8.33	
	CC4	0.76	10.61	
	CC5	0.70	9.65	
市场性成长绩效	SC1	0.68	8.90	0.702
	SC2	0.67	8.56	
	SC3	0.72	9.82	
	SC4	0.70	9.53	

2）区分效度检验。

区分效度的检验也有两种方法（韩昭君，2017），具体说明如表5-9所示。

表5-9 区分效度检验方法

方法序号	方法具体内容描述	判断标准
方法1	将两个结构变量之间的相关系数设为1，然后比较这种限制条件下的CFA结果与自由估计模型的CFA结果	如果两个模型得到的卡方（Chi-square）差值显著（卡方差大于3.84时在0.05的水平上显著；卡方差大于6.64时在0.01的水平上显著），则说明这两个结构变量是可以区分的
方法2	使用AVE检验区分效度	如果AVE的平方根大于两个结构变量的相关系数，则说明这两个结构变量是可以区分的

运用上述第一种方法检验区分效度，详细结果如表5-10所示。

表5-10 用CFA检验区分效度的结果

变量	XR	CN	GT	HZ	CD	SD	CC	SC
信任（XR）	—							
承诺（CN）	131.5	—						
沟通（GT）	128.6	119.5	—					
合作（HZ）	112.5	127.8	268.9	—				
创新导向（CXDX）	234.7	131.6	156.3	541.7	—			
市场导向（SCDX）	261.6	167.9	163.6	336.7	612.8	—		
创新性成长绩效（CXJX）	237.7	267.8	274.1	345.8	389.4	257.8	—	
市场性成长绩效（SCJX）	178.6	341.7	321.6	234.7	265.8	312.8	163.9	—

表5-10的数据表明，两种CFA模型卡方差比较的结果在0.01的水平上显著，根据第一种区分效度检验方法，说明测量变量的区分效度满足要求。

接下来运用第二种方法再次进行区分效度检验，具体结果如表5-11所示。

表 5-11　用 AVE 检验区分效度的结果及描述性统计分析

变量	XR	CN	GT	HZ	CXDX	SCDX	CXJX	SCJX
信任（XR）	0.76							
承诺（CN）	0.21	0.72						
沟通（GT）	0.24*	0.18	0.79					
合作（HZ）	0.18*	0.25*	0.25*	0.78				
创新导向（CD）	0.22*	0.24*	0.21*	0.23*	0.70			
市场导向（SD）	0.26*	0.12*	0.16*	0.24*	0.08	0.80		
创新性成长绩效（CC）	0.22*	0.23*	0.28*	0.28*	0.29*	0.15*	0.73	
市场性成长绩效（SC）	0.23*	0.25*	0.26	0.34**	0.09	0.30**	0.09	0.76
均值	4.319	4.288	4.535	4.372	4.272	4.425	4.226	4.597
标准误差	0.764	0.723	0.648	0.735	0.648	0.572	0.642	0.501

注：＊表示 $p < 0.05$，＊＊表示 $p < 0.01$；对角线上的数字为 AVE 的平方根。

本章用 AVE 检验区分效度的结果表明，对角线上的数字（AVE 的平方根）大于该变量与其他任何变量的相关系数，如信任的 AVE 平方根为 0.76，大于信任与任何其他变量的系数（分别是该纵列中的数字），其他检验依次类推。因此根据判断标准，区分效度满足要求。

综上可得，通过检验，表明各个变量具有一定的信度和效度，可以进行下一步的研究。

5.4.3　相关分析

表 5-11 的数据给出了具体研究变量的均值和标准差，并就各个变量之间的相关性进行了统计，结果表明各变量之间的相关系数并均不具有相关性，部分具有 0.01 和 0.05 水平上的显著相关性，部分变量之间并不相关。而具有显著相关性的系数均没有超过 0.5，说明这些变量之间的多重共线性问题不严重，下面将进行三大检验。

5.4.4　多元回归分析

5.4.4.1　三大检验

本章采用逐步回归方法对供应链关系质量和新创企业成长绩效的关

系，以及创新导向、市场导向对两者关系的调节作用进行假设检验。相关检验已经初步表明，信任、承诺、合作对新创企业成长绩效存在显著相关性，接下来将进行多元回归分析。为了保证研究结论的有效性，在利用回归分析进行研究时，需要先进行多重共线性（Multicollinearity）、异方差（Heteroscedasticity）和序列相关（Serial Correlation）三大问题检验。

（1）多重共线性。

在多重共线性回归中，解释变量之间可能存在较为一致的变化趋势，造成线性相关，使得回归系数变小，标准误差扩大。对于多重共线性问题的判断一般采用膨胀因子（Variance Inflation Factor）的数值和所设定的标准进行比较。判断标准是：当 VIF 数值大于 100 时，多重共线性问题严重；当 VIF 数值介于 10 和 100 之间时，多重共线性问题较为严重；只有当 VIF 数值处于 0 和 10 之间时，表明多重共线性问题不存在。为了避免研究中因加入交互项等所带来潜在多重共线性，在研究之前就根据专家建议将变量进行了中心化处理（Hayes & Preacher，2014），并对研究模型中的方差膨胀因子进行检验，最大的方差膨胀因子为 2.79，小于其临界阈值 10。因此，多重共线性问题并不严重。

（2）异方差。

异方差是指被解释变量的方差随着解释变量的变化呈现有序或者有规律的变化趋势。在进行回归分析前，要对异方差问题进行检验，学者们多通过散点图对异方差问题进行判断。结果表明，散点图中的散点分布呈现无序状态，并没有出现明显的规律性变化趋势，因此，异方差问题并不严重。

（3）序列相关。

序列相关表示不同时期采集的样本值之间存在显著相关关系，影响了模型的回归分析，对序列相关问题的判断通常采用 DW 值进行分析。DW 值介于 0 到 4 之间，具体标准是：DW 值越倾向于两端，即越接近 0 或 4 时，表明序列相关问题较为严重；DW 值越趋近 2 时，表明不存在序列相关问题或序列相关问题不严重，不影响回归分析。本章数据采集的是截面数据，不是时间序列数据，理论上不存在序列相关问题。为了进一步对序列相关问题进行检验，计算研究模型中的 DW=1.802，接近 2。因此，序列相关问题并不严重。

5.4.4.2 多元回归

接下来，将进行供应链关系质量对新创企业成长绩效影响的假设检验，主要包括供应链关系质量各要素和成长绩效的关系检验，创新导向和市场导向在供应链关系质量和成长绩效关系之间的调节效应检验。在对上述变量进行信度、效度分析及回归模型三大问题检验基础上，运用 SPSS20.0 软件进行多元层级回归分析以检验调节作用机制。此外，Aiken（1991）、温忠麟等（2005）、吴明隆（2010）等学者建议，在做调节效应分析之前，应对变量进行数据的中心化处理。

（1）供应链关系质量与新创企业成长绩效的回归分析。

表 5-12 是供应链关系质量对成长绩效（创新性成长绩效和市场性成长绩效）的回归结果。

表 5-12　供应链关系质量与成长绩效关系的回归分析结果

变量		创新性成长绩效			市场性成长绩效	
		M1	M2	M3	M4	M5
控制变量	企业年限	0.087	0.122	0.109	0.056	0.044
	企业规模	0.069	0.048	0.023	0.054	0.045
	企业性质	0.04	0.033	0.026	0.037	0.025
自变量	信任		0.259*	0.192*		0.245*
	承诺		0.262*	0.204*		0.263*
	沟通		0.357**	0.273*		0.322**
	合作		0.283*	0.217*		0.258*
自变量平方	信任2			-0.120*		
	承诺2			-0.187*		
	沟通2			-0.136*		
	合作2			-0.195*		

变量		创新性成长绩效			市场性成长绩效	
		M1	M2	M3	M4	M5
统计量	F	0.102	0.355	0.563	0.537	2.637
	R^2	0.115	0.329	0.547	0.109	0.409
	Adj-R^2	0.021	0.237	0.242	0.01	0.472

注：表中是标准化回归系数；＊表示 $p<0.05$，＊＊表示 $p<0.01$。

供应链关系质量与创新性成长绩效的假设检验：M1 主要用于观察控制变量对创新性成长绩效的解释作用。引入 3 个控制变量（企业年限、规模和性质），发现控制变量对创新性成长绩效的解释力较小。M2 纳入供应链关系质量的 4 个要素（信任、承诺、沟通和合作）后，M2 对创新性成长绩效的解释力出现显著上升。其中，信任对因变量创新性成长绩效的系数为 0.259（$p<0.05$）、承诺对创新性成长绩效的系数为 0.262（$p<0.05$）、沟通对创新性成长绩效的系数为 0.357（$p<0.01$）、合作对创新性成长绩效的系数为 0.283（$p<0.05$）。M2 的研究结果表明，供应链关系质量各个要素对创新性成长绩效具有显著的影响。M3 进一步引入自变量的平方项，即供应链关系质量各个要素的平方，回归结果显示，M3 对创新性成长绩效的解释力较 M2 又有进一步提高。并且信任平方项与创新性成长绩效的系数为 -0.120（$p<0.05$）、承诺平方项与创新性成长绩效的系数为 -0.187（$p<0.05$）、沟通平方项与创新性成长绩效的系数为 -0.136（$p<0.05$）、合作平方项与创新性成长绩效的系数为 -0.195（$p<0.05$）。M3 的研究结果表明，信任、承诺、沟通和合作对创新性成长绩效的关系均是倒 U 型关系，H1a、H1b、H1c、H1d 通过检验。

供应链关系质量与市场性成长绩效的假设检验：M4 主要用于观察控制变量对市场性成长绩效的解释作用。引入 3 个控制变量（企业年限、规模和性质），结果显示控制变量对市场性成长绩效的解释力较小。M5 纳入供应链关系质量的 4 个要素（信任、承诺、沟通和合作）后，M2 对市场性成长绩效的解释力出现显著上升。其中，信任对因变量市场性成长绩效的系数为 0.245（p<0.05）、承诺对市场性成长绩效的系数为 0.263（p<0.05）、沟通对市场性成长绩效的系数为 0.322（p<0.01）、合作对市场性成长绩效的系数为 0.258（p<0.05）。M5 的研究结果表明，信任、承诺、沟通和合作对市场性成长绩效的影响关系均是正向作用关系，H2a、H2b、H2c、H2d 通过检验。为了进一步验证供应链关系质量诸要素与市场性成长绩效的关系，又采用了结构方程，对它们之间的关系进行检验。在进行回归分析之前，对调研数据是否符合正态性进行偏度和峰度检验。经计算，符合正态分布，接下来对结构模型进行拟合估计。供应链关系质量与市场性成长绩效的结构方程如图 5-3、表 5-13 所示。

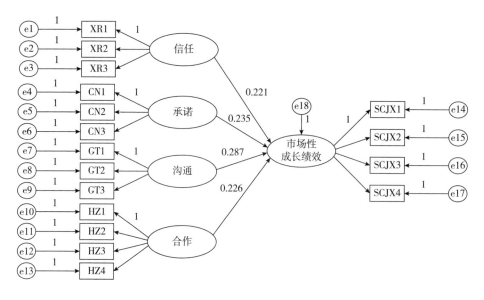

图5-3 供应链关系质量与市场性成长绩效的结构方程检验

表5-13 供应链关系质量各要素对企业成长绩效影响的 SEM 检验结果

假设	因果路径	标准化路径系数	临界比 C. R.	p 值	检验结果
H2a	信任→市场性成长绩效	0.221	1.765	0.000*	支持
H2b	承诺→市场性成长绩效	0.235	2.873	0.000**	支持

续表

假设	因果路径	标准化路径系数	临界比 C. R.	p 值	检验结果
H2c	沟通→市场性成长绩效	0.287	3.134	0.000**	支持
H2d	合作→市场性成长绩效	0.226	2.189	0.000**	支持

拟合优度指标值：
$\chi^2/\mathrm{df} = 1.785$，GFI = 0.909，AGFI = 0.902，RMSEA = 0.047，NFI = 0.902，IFI = 0.911，CFI = 0.913

注：*表示 p<0.05，**表示 p<0.01。

图 5-3 和表 5-13 的结果显示，模型拟合度指标达到了拟合标准，信任、承诺、沟通和合作对市场性成长绩效的路径系数均显著，再次证明了信任、承诺、沟通和合作对市场性成长绩效具有显著正向关系，H2a、H2b、H2c、H2d 通过检验。

（2）创新导向和市场导向在供应链关系质量与成长绩效关系中的调节效应分析。

表 5-14 是创新导向和市场导向在供应链关系质量对成长绩效（创新性成长绩效和市场性成长绩效）影响关系的调节效应回归结果。

表 5-14 创新导向和市场导向调节供应链关系质量与成长绩效关系的回归分析结果

变量		创新性成长绩效					市场性成长绩效			
		M6	M7	M8	M9	M10	M11	M12	M13	M14
控制变量	企业年限	0.076	0.118	0.116	0.079	0.028	0.078	0.066	0.034	0.025
	企业规模	0.062	0.046	0.028	0.022	0.021	0.065	0.045	0.04	0.026
	企业性质	0.029	0.032	0.03	0.025	0.021	0.051	0.042	0.036	0.017
自变量	供应链关系质量		0.323**	0.307*	0.251*	0.112*		0.306**	0.273*	0.224*
自变量平方	供应链关系质量2			−0.234*	−0.221*	−0.215*				
调节变量	创新导向				0.286*	0.274*			0.103*	0.099
	市场导向				0.218*	0.202*			0.224*	0.198*

续表

变量		创新性成长绩效					市场性成长绩效			
		M6	M7	M8	M9	M10	M11	M12	M13	M14
交互项1										
（自变量×调节变量）										
供应链关系质量×创新导向						0.151*				0.073
供应链关系质量×市场导向						0.201*				0.113*
交互项2										
（自变量平方×调节变量）										
供应链关系质量2×创新导向						0.106*				
供应链关系质量2×市场导向						0.102*				
统计量	F	0.221	0.358	0.523	0.432	0.601	0.534	1.637	0.76	0.821
	R^2	0.102	0.317	0.515	0.559	0.665	0.119	0.4	0.501	0.613
	Adj-R^2	0.008	0.234	0.241	0.106	0.112	0.009	0.216	0.246	0.321

注：表中是标准化回归系数；* 表示 $p<0.05$，** 表示 $p<0.01$。

创新导向的调节作用：M6 主要用于观察控制变量对创新性成长绩效的解释作用。在 M6 基础上，M7 纳入供应链关系质量后，发现供应链关系质量对创新性成长绩效存在显著影响。在 M7 基础上，M8 引入了供应链关系质量的二次平方项，显示供应链关系质量的二次平方项与创新性成长绩效的关系系数为负，系数为 -0.234（$p<0.05$），说明供应链关系质量与创新性成长绩效呈现倒 U 型关系。在 M8 基础上，M9 加入调节变量创新导向，结果显示创新导向和创新性成长绩效的系数为 0.286（$p<0.05$），且供应链关系质量与创新性成长绩效的关系系数为 0.251（$p<0.05$），供应链关系质量平方项与创新性成长绩效的关系系数为 -0.221（$p<0.05$），均呈显著性。在 M9 基础上，M10 加入供应链关系质量二次平方项与创新导

向的交互项，结果显示供应链关系质量二次平方项与创新导向交互项对创新性成长绩效的关系系数为 0.106（p<0.05），并且供应链关系质量、供应链关系质量平方项、创新导向和创新性成长绩效的关系系数分别呈现显著性，表明创新导向在供应链关系质量与创新性成长绩效的倒 U 型关系中起着正向调节作用，H3a 通过检验。

M11 主要用于观察控制变量对市场性成长绩效的解释作用。在 M11 基础上，M12 纳入供应链关系质量后，发现供应链关系质量对市场性成长绩效存在显著影响。在 M12 基础上，M13 加入调节变量创新导向，结果显示创新导向和市场性成长绩效的系数为 0.103（p<0.05），且供应链关系质量与市场性成长绩效的关系系数为 0.273（p<0.05），具有显著性。在 M13 基础上，M14 加入供应链关系质量与创新导向的交互项，结果显示供应链关系质量与创新导向交互项对市场性成长绩效的关系系数为 0.073，不具有显著性。H3b 没有通过检验。为了进一步对创新导向在供应链关系质量与市场性成长绩效关系中的调节作用进行检验，用 Bootstrap 方法进行检验，结果表明创新导向的调节效应为 0.032，置信区间（LLCI = −3.3672，ULCI = 2.7831）包含 0，因此不显著，假设 H3b 没有通过检验。

市场导向的调节作用：与上文分析类似，M7 是在 M6 基础上纳入了供应链关系质量，显示供应链关系质量对创新性成长绩效存在显著影响。M8 引入了供应链关系质量的二次平方项，显示供应链关系质量的二次平方项与创新性成长绩效的关系系数为负，系数为−0.234（p<0.05），说明供应链关系质量与创新性成长绩效呈现倒 U 型关系。M9 是在 M8 基础上加入调节变量市场导向，结果显示市场导向和创新性成长绩效的系数为 0.218（p<0.05），且供应链关系质量与创新性成长绩效的关系系数为 0.251（p<0.05），供应链关系质量平方项与创新性成长绩效的关系系数为−0.221（p<0.05），均呈显著性。M10 在 M9 基础上加入供应链关系质量二次平方项与市场导向的交互项，结果显示供应链关系质量二次平方项与市场导向交互项对创新性成长绩效的关系系数为 0.102（p<0.05），并且供应链关系质量、供应链关系质量平方项、市场导向和创新性成长绩效的关系系数

分别呈现显著性，表明市场导向在供应链关系质量与创新性成长绩效的倒U型关系中起着正向调节作用，H4a通过检验。

M12在M11基础上纳入供应链关系质量后，供应链关系质量对市场性成长绩效存在显著影响。M13在M12基础上加入调节变量市场导向，结果显示市场导向和市场性成长绩效的系数为0.224（p<0.05），且供应链关系质量与市场性成长绩效的关系系数为0.273（p<0.05），具有显著性。M14在M13基础上加入供应链关系质量与市场导向的交互项，结果显示供应链关系质量与市场导向交互项对市场性成长绩效的关系系数为0.113（p<0.05），并且供应链关系质量、市场导向和市场性成长绩效的关系系数分别呈现显著性，表明市场导向在供应链关系质量与市场性成长绩效的关系中起着正向调节作用，H4b通过检验。

5.5　结果讨论

5.5.1　供应链关系质量与成长绩效的影响关系

5.5.1.1　供应链关系质量与创新性成长绩效的倒U型关系

研究发现，供应链关系质量与新创企业的创新性成长绩效之间呈倒U型关系，图5-4~图5-7分别表示了供应链关系质量各个维度（信任、承诺、沟通和合作）与创新性成长绩效之间的倒U型关系。

现有研究认为组织间供应链关系质量对企业创新能力具有积极作用，但是容易忽略供应链关系质量的"阴暗面"。本章的研究结果表明，在新创企业创新过程中，中等水平的供应链关系质量是最优的，过低或过高的关系质量都不利于新创企业创新性成长绩效的提升。新创企业由于"新进入缺陷"，在自身资源积累的基础上，需要通过借助外部资源来获得成长

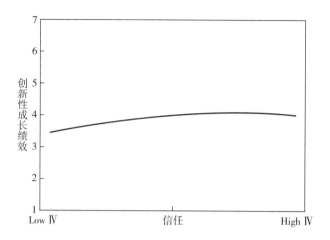

图 5-4　信任与创新性成长绩效的倒 U 型关系

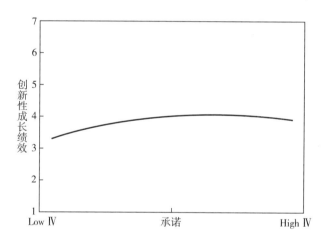

图 5-5　承诺与创新性成长绩效的倒 U 型关系

动力，因此与供应链合作伙伴建立一定程度的信任水平，加强沟通，密切合作并相互承诺对新创企业获得互补知识十分重要。但是供应链关系质量存在一个阈值，超过这个界限，供应链关系质量对于创新性成长绩效就存在抑制作用（Cousins & Mengus，2006，Krause et al.，2007）。在阈值左侧，随着供应链关系质量的逐渐增强，创新性成长绩效也在增加，究其原

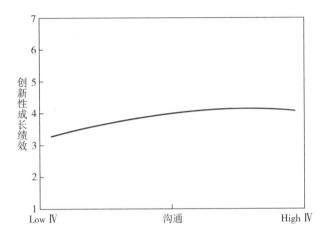

图 5-6 沟通与创新性成长绩效的倒 U 型关系

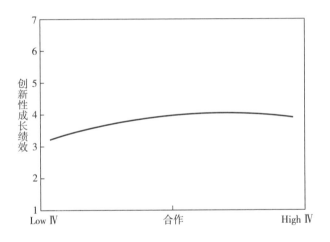

图 5-7 合作与创新性成长绩效的倒 U 型关系

因在于，外部异质性知识的适当补充提升了企业的创新能力。但是超过阈值之后，也即阈值右侧，过高的供应链关系质量不利于企业的创新。主要原因在于，较强的关系质量往往使企业从外部获得同质化的知识，而创新需要的是互补性甚至新颖的多元化知识，趋同的知识倾向使企业的创新条件蜕化，不利于创新氛围以及创新动力的形成，影响了新创企业的创新绩效。此外，过高的供应链关系质量容易形成集体自满，出现机会主义行为的可能性增大等因素，不利于新创企业创新性成长绩效的提升。总之，本章研究在一定程度上支持并扩展了 Villena 等（2011）的结论，一方面有助于加深供应链关系质量影响创新性成长绩效作用关系的系统理解，另一方面也是将供应链关系理论应用于新创企业成长的一种有益尝试，厘清了供应链关系质量对新创企业进行创新发展的双重作用，为新创企业提供了理论指导和现实借鉴。

5.5.1.2 供应链关系质量与市场性成长绩效的正向作用

研究表明，供应链关系质量对新创企业市场性成长绩效具有正向促进作用。企业间的良好关系能够影响企业的持续成长，供应链关系被认为是提升市场绩效的重要驱动力（Athanasopoulou，2009；Nyaga & Whipple，2011；Chu & Wang，2012）。有学者验证了成熟企业供应链关系对运营绩效以及财务绩效的影响，结果显示具有重要的推动作用（Fynes et al.，2005；Nyaga & Whipple，2011）与财务绩效（Terawatanavong et al.，2011）。但有学者认为企业与上下游组织之间的关系质量与市场效率之间并非存在显著关系，如 Lee 等（2013）对韩国通讯企业的验证。为了彻底厘清新创企业供应链关系质量对市场性成长绩效的关系，本章在已有成果的基础上，对我国新创企业进行研究，结果发现供应链关系质量对新创企业的市场性成长绩效具有正向促进作用，主要原因在于较高程度的供应链关系质量有助于新创企业实现市场的商业化合作，进而迅速拓展并占领市场。具体来讲，高质量的供应链关系使得新创企业能够和供应链伙伴形成高效沟通渠道，帮助企业突破组织边界获得更多市场有价值的信息和知识，促进市场信息在供应链中的顺畅流通，有助于企业做出更优营销决策，增强了新创企业对于市场环境的适应性，促进了营销资源的系统整合，能够及时应对顾客需求变化（Chu & Wang，2012）。同时，较高程度的供应链关系质量使得企业之间建立了良好的信任关系，降低了交易成本，从而形成战略性合作伙伴关系，并且对于双方未来的发展愿意投入更多的精力和财力，形成持续性的承诺。总之，供应链关系质量对于新创企业的市场性成长绩效具有积极的正向作用，降低了市场信息的不对称，优化了市场资源配置，进而提升了企业的市场竞争能力。

5.5.2 供应链关系质量与成长绩效之间的调节机制

5.5.2.1 创新导向调节供应链关系质量与成长绩效之间的关系

研究发现，创新导向对供应链关系质量与创新性成长绩效之间倒 U 型关系具有正向调节作用，具体的调节效应如图 5-8 所示。

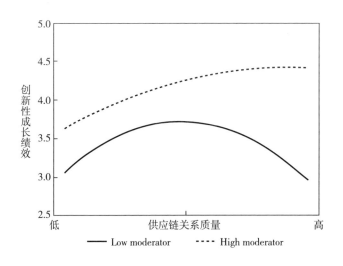

图 5-8　创新导向对供应链关系质量与创新性成长绩效关系的调节作用

从图 5-8 可以看出，当创新导向较低时，新创企业供应链关系质量影响创新性成长绩效的倒 U 型越加显著；当创新导向较高时，新创企业供应链关系质量影响创新性成长绩效的倒 U 型关系趋向平缓，即两者倒 U 型关系的拐点出现在供应链关系质量更高的状态。具体来说，从调节效应图左侧（供应链关系质量低）可以看出，当创新导向（调节变量）低或者高时，供应链关系质量影响创新性成长绩效的趋势较为一致，都呈现出往右上倾斜的趋势；而在调节效应图的右侧（供应链关系质量高），当创新导向高相较创新导向低时，对供应链关系质量影响创新性成长绩效的正向调节作用较为显著。因此，整体来看，创新导向对供应链关系质量与创新性成长绩效之间倒 U 型关系具有正向调节作用。正如文献所述，企业与供应链组织成员间具有良好的关系质量，有利于企业获取外部关键知识和技术（Dittrich & Duysters，2007；Chang et al.，2012；徐可等，2015），创新导向战略具有一定的调节作用，指导新创企业实现内外部资源的融合和优化配置，最大限度地创造新的价值（杜鹏和万后芬，2006；何建洪等，2014；周小宇等，2016）。企业在培育良好关系质量的同时，积极整合内外部资源，有效促进企业的竞争能力，最终保障新创企业的创新绩效（Akman & Yilmaz，2008；夏萌和张哲，2012；杨洁辉等，2016）。

遗憾的是，研究结果发现创新导向在供应链关系质量与市场性成长绩效之间的调节作用没有通过检验。从企业应对外部市场环境角度来看，新创企业与上下游企业维持高质量的关系，有利于企业快速适应市场环境的变化。但是，创新导向对于新创企业而言，更多的是技术创新对企业成长的引领作用（Chang et al.，2012），而现实中我国多数新创企业是中小企业，由于生存压力以及资源受限，中小企业更多的是迅速扩大市场从而满足基本的生存需要，因此创新导向对于市场绩效的影响暂时没有凸显出来，这也是与成熟企业不同的地方。此外，由于创新导向更强调内部技术创新是企业绩效增长的关键驱动要素（何建洪等，2014；周小宇等，2016），将资源多用于内部技术的研发，可能会忽略从外部上下游企业所获得的市场知识，造成所创造的新产品脱离市场需求，增加投资费用等，导致较高的市场风险，从而不利于市场性成长绩效的提升。该结论厘清了创新导向在新创企业和成熟企业中所起不同作用的理论分歧，新创企业的创新导向更多是基于创新的直接价值，而对于市场价值的实现稍显无力，未来新创企业可以加强这方面的努力，使新创企业更具竞争力地成长。

5.5.2.2 市场导向调节供应链关系质量与成长绩效之间的关系

市场导向对供应链关系质量与创新性成长绩效之间的关系具有正向调节作用，如图 5-9 所示。

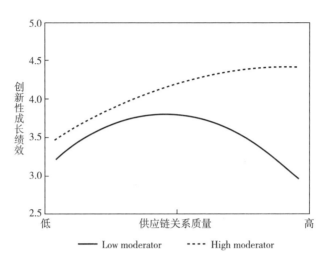

图 5-9　市场导向对供应链关系质量与创新性成长绩效关系的调节作用

从图 5-9 可以看出，当市场导向较低时，新创企业供应链关系质量影响创新性成长绩效的倒 U 型较为显著；当市场导向较高时，新创企业供应链关系质量影响创新性成长绩效的倒 U 型关系趋向平缓。市场导向水平越高，供应链关系质量对创新性成长绩效的倒 U 型影响越弱，两者倒 U 型关系的拐点出现在供应链关系质量更高的状态。具体来看，在供应链关系质量的左侧（供应链关系质量程度较低），无论市场导向（调节变量）低或者高，供应链关系质量对创新性成长绩效均呈现显著正向作用。而在供应链关系质量的右侧（供应链关系质量程度较高），市场导向（调节变量）高相较市场导向低的情境下，对供应链关系质量影响创新性成长绩效的正向调节作用体现得较为显著；或者更确切地说，从长期来看，相较市场导向低的情境，市场导向高对于供应链关系质量影响创新性成长绩效的负向效应减小得更慢。因此，从整体上看，市场导向在供应链关系质量影响新创企业创新性成长绩效关系中起到正向调节作用。

研究表明，新创企业在市场竞争中通常面临比较强大的竞争对手，加之自身资源的缺陷，导致在与上下游供应链组织合作中不具有强有力的话语权，这些劣势使新创企业无法建立市场价格竞争机制（Amason et al.，2006），所以新创企业必须重点关注顾客需求变化，掌握关系管理能力，集中优势资源并积极利用外部获得的稀缺知识，实现产品和服务质量提升，找到市场的立足点，进而实现创新性绩效的提升与成长（Chaganti et al.，1989；Söderblom et al.，2015）。从长期来看，新创企业在市场导向下，由于更多的是关注市场，也会获得市场冗余信息，可能强化组织的模仿力而使新创企业陷入能力陷阱，一定程度上会限制创新。但是相较市场导向较低的情况，新创企业强调市场导向更能为企业创新提供条件支持，从而比市场导向低的情境更易获得创新发展。也就是说，市场导向对于供应链关系质量与创新性成长绩效的倒U型关系起着显著正向调节作用。

接下来，分析市场导向对供应链关系质量与市场性成长绩效关系的调节作用，如图5-10所示。

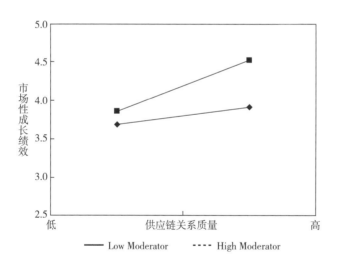

图5-10 市场导向对供应链关系质量与市场性成长绩效关系的调节作用

如图5-10所示，市场导向对供应链关系质量与市场性成长绩效之间的关系具有正向调节作用，即市场导向水平越高，供应链关系质量对市场性成长绩效的正向影响越强。当市场导向低时，供应链关系质量对市场性成长绩效呈现较弱的正向影响，而当市场导向高时，供应链关系质量对市场性成长绩效呈现较显著的正向影响。究其原因，市场导向强调组织对顾客和市场的关注（Panigyrakis & Theodoridis，2007），通过供应链合作关系积极获取和利用市场知识，为顾客创造价值增值，提升顾客满意度和忠诚度（Narver & Slater，1990；Kohli & Jaworski，1990；Kohli et al.，1993）。在市场导向下，高质量的供应链关系能够为新创企业带来及时全面的市场信息，从而更加精确地获得顾客需求，以便企业能够及时按照顾客需求变化对产品或服务进行改进或创新，增强企业持续竞争能力。此外，基于市场竞争的日益加剧，为满足顾客个性化与多样化的需求，技术、产品的更新换代周期不断缩短，新的市场需求可能会被进一步细分，进而出现新的利基市场（彭正龙等，2015）。为抢占新的利基市场，以市场为导向的新创企业，需要与供应链上下游企业建立并维持高质量的关系，通过营销探索活动来开发新的产品和服务，并优化相关营销流程，通过合理配置营销资源，打造自身的核心竞争优势，更好地为顾客创造卓越价值，进而提升新创企业的市场绩效（Lumpkin & Dess，2001）。

5.5.3　研究结论

以上研究结论表明，初始假设大部分通过了检验，表明研究结论和现有文献具有一定程度的吻合性，少部分假设没有通过检验，本章进行了原因分析。检验结果汇总如表 5-15 所示。

表 5-15　供应链关系质量与企业成长绩效的调节机制检验结果汇总

关系假设	序号	假设描述	结论
供应链关系质量要素影响成长绩效的假设	H1	H1a：供应链关系质量中的信任对新创企业创新性成长绩效的影响存在倒 U 型关系	支持
		H1b：供应链关系质量中的承诺对新创企业创新性成长绩效的影响存在倒 U 型关系	支持
		H1c：供应链关系质量中的沟通对新创企业创新性成长绩效的影响存在倒 U 型关系	支持
		H1d：供应链关系质量中的合作对新创企业创新性成长绩效的影响存在倒 U 型关系	支持

续表

关系假设	序号	假设描述	结论
供应链关系质量要素影响成长绩效的假设	H2	H2a：供应链关系质量中的信任对新创企业市场性成长绩效的影响存在正向作用	支持
		H2b：供应链关系质量中的承诺对新创企业市场性成长绩效的影响存在正向作用	支持
		H2c：供应链关系质量中的沟通对新创企业市场性成长绩效的影响存在正向作用	支持
		H2d：供应链关系质量中的合作对新创企业市场性成长绩效的影响存在正向作用	支持
创新导向调节作用假设	H3	H3a：创新导向在供应链关系质量与创新性成长绩效倒U型关系中起着正向调节作用	支持
		H3b：创新导向在供应链关系质量与市场性成长绩效的关系中起着正向调节作用	不支持
市场导向调节作用假设	H4	H4a：市场导向在供应链关系质量与创新性成长绩效的倒U型关系中起着正向调节作用	支持
		H4b：市场导向在供应链关系质量与市场性成长绩效的关系中起着正向调节作用	支持

5.6　本章小结

　　本章基于价值实现过程，研究了供应链关系质量和新创企业成长绩效的关系，并就前者对后者影响关系的调节机制进行了详细分析。结论显示：供应链关系质量对新创企业创新性成长绩效整体上具有倒U型的影响，供应链关系质量对新创企业市场性成长绩效整体上具有正向影响；创新导向在供应链关系质量与创新性成长绩效的倒U型关系中起着正向调节作用，而创新导向在供应链关系质量与市场性成长绩效关系中的调节作用没有通过检验；对市场导向的调节作用进行检验，发现市场导向在供应链关系质量与创新性成长绩效的倒 U 型关系中起着正向调节作用，同时市场导向在供应链关系质量与市场性成长绩效关系中也起着正向调节作用。通过供应链关系质量对新创企业成长绩效作用的假设及验证，进一步厘清并拓展了新创企业供应链关系质量的应用情境，而通过论证战略导向（创新导向与市场导向）的调节效应，有效地融合了运营管理与战略管理理论，为新创企业如何通过外部供应链关系来促进自身成长提供了新的证据。

6 供应链关系质量对新创企业成长绩效的影响：演化机制

6.1 引言

"双创"背景下，我国中小企业创业市场日益活跃，然而这些新创企业要取得持续成长和发展，仅仅依靠自己的力量和资源难以在市场竞争中取得优势，甚至影响企业的生存。外部关系成为新创企业获取补充资源的重要途径和方式，推动企业成长和发展。研究表明，外部关系网络在企业寻找合作伙伴、知识共享、市场整合以及产品创新等方面具有重要作用（Gulati et al.，2000）。此外，新创企业通过外部关系的构建与拓展，对企业自身具有激励作用，能够刺激新创企业挖掘自身具有的但没有表现出来的潜力。Aldrich（1999）、张玉利等（2008）指出，作为新创企业，知识、技术、资金等资源对于企业成长具有关键性作用，但是在获得这些资源时又往往需要建立可靠的外部关系，因为新创企业存在规模小、风险较大以及"新进入缺陷"等问题，在获取异质性资源方面受到较大限制。而通过构建供应链合作关系成为企业建立外部关系的便捷途径，也能弥补企业关系缺失带来的困境。这成为新创企业获取资源的重要方式，因此越来越多的新创企业从一开始就重视利用供应链关系来促进企业成长。有学者发现，新创企业成长得益于通过外部关系带来的新资源、新技术以及新市场。企业之间建立供应链联盟关系，能促进信息的高质量共享，这对于新产品的开发具有重要作用，能给企业带来关系租金并促进创新绩效的提升（Soh，2003）。Birley（1985）研究了新创企业的创业团队，认为创业者与外部组织所建立的关系对企业成长发挥着积极作用，并给出了创业者与外部关系相互作用的范围。将成功和失败的新创企业的创业过程进行对比就会发现，相较失败的创业企业，那些较为成功的新创企业更热衷于与外部组织建立供应链合作关系，也更愿意在供应链关系方面投入更多的时间和精力来进行沟通和联系。

供应链关系质量对新创企业生存及成长的重要促进作用得到了部分学者支持（Larson，1991；Maurer & Ebers，2006）。研究表明，新创企业之所以能够持续成长，从关系视角进行研究具有重要意义，因为新创企业能够从供应链关系质量中获益。究其原因，主要是供应链关系质量给新创企业提供了有效信息和学习平台（Powell et al.，1996），并且能够提高组织合法性（Higgins & Gulati，2003），获得一定的关系权力，掌控某些重要资源。此外，还有部分学者研究了供应链关系质量促进企业成长过程的情境因素，认为情境因素对两者关系具有重要影响，如外部产业环境、任务特征、创业者风格、资源互补性等（Rowley et al.，2000；Gulati & Higgins，2003）。

经文献梳理发现，多数文章是采用静态分析方法研究新创企业供应链关系对企业绩效影响，也就是对两者关系的研究主要是从企业成长的某一特定阶段展开的。而事实上，新创企业从初创期到成长期甚至相对完善期，企业外部供应链关系都在发生变化。例如，企业处于初创期，生存是首要任务，然而此时的初创企业在获得外部资源能力方面非常有限，为了获得外部支持，以信任为基础的"熟人"供应链关系成为企业构建商业联系的主要途径，如供应链上下游组织的熟人关系（亲戚、朋友、曾经的同事等）。随着企业的成长和发展，新创企业具有一定的关系积累，熟人关系具有边际效用递减性，这时更加依赖于通过市场规则建立起的客户、供应商、合作商以及投资方等合作关系。此时的关系特征以及内容都发生了很大变化，初期建立的供应链合作关系变更为新型的供应链关系，从而与企业发展阶段相适应。

Elfring 和 Hulsink（2003）从创业关系网络视角，研究了新创企业合作关系对企业成长的影响，指出企业对于外部关系的构建以及资源的依赖，不仅需要关注创建期，更需要将关系网络延伸到后期发展中，通过关系获得持续的市场信息、多元化资源以及解决问题的技能等（Johannisson et al.，1994）。方世健和蒋文君（2011）指出，基于中国本土特征，新创企业在创业初期，更多是依赖于创业团队的私人关系取得生存资源，在取得一定的成效和声望后，将投入更多的精力来开拓与培养外部的商业性供应链关系，以便能够取得多重资源，此时的供应链"私人"关系将成为一种辅助性关系，为正规的供应链关系提供支持和补充。

基于以上分析，有关新创企业供应链关系质量方面的研究取得了一定进展，但是仍存在一些不足，主要体现在对新创企业供应链关系质量的动态演化方面的研究相对缺乏。因此，开展新创企业供应链关系质量动态演化的研究非常必要，因为处于不同成长阶段时，新创企业面临的外部环境以及内部条件具有明显差异性，由初创阶段到完善阶段的供应链关系质量势必也是一个动态调整的过程。那么，新创企业在每个不同成长阶段的供应链关系质量是如何动态影响成长绩效的呢？具有什么样的演变特征？以及新创企业供应链关系质量动态演化的驱动因素有哪些？现有的研究对以上问题尚未给出明晰的解释。基于此，本章借鉴企业成长生命周期理论和企业能力生命周期理论，以一家具有代表性的科技型新创企业为例，通过追溯其成长过程中的供应链关系质量动态变化，来探讨不同阶段供应链关系质量影响新创企业成长的演化机制。研究过程将新创企业成长历程分为初创阶段、成长阶段和完善阶段①三个主要阶段。通过典型案例研究，揭

---

① 由于衰退阶段不属于典型的成长过程，本书不作为研究内容。

示新创企业供应链关系质量的动态演化机理，为我国新创企业持续成长提供来自供应链关系质量理论的成果支持和实践参考。

6.2 文献述评

新创企业具有典型的"新"或"小"的特征，这种先天性的不足往往需要依靠外部关系来获取成长资源，供应链关系为外部资源的获得提供了途径。学者对供应链关系质量研究比较重视，对于新创企业通过建立适宜的供应链关系质量来促进自身持续性成长的研究开始出现并逐渐增多，但总体来看，研究成果仍较为匮乏。对这些已有的研究成果进行归纳，主要有两个主题视角：一是将供应链关系质量作为解释变量，研究供应链关系质量如何影响新创企业成长；二是将供应链关系质量作为被解释变量，主要研究动态影响供应链关系质量的驱动因素（董保宝，2013）。这两类研究对于促进新创企业持续成长具有重要的理论价值，但是也存在部分不足。第一类研究虽然已经证明新创企业构建的供应链关系质量对企业成长具有较强的促进作用（蔡莉等，2010），但是研究处于静态视角，对于动态变化规律没有涉及；第二类研究较多采用动态演化理论研究了新创企业供应链关系质量演化问题，但主要集中于供应链关系质量对资源获取的动态影响和演进方面（Larson，1992；Larson & Starr，1993；Hite & Hesterly，2001；朱秀梅和李明芳，2011），对于如何动态影响企业成长没有深入探讨。综上所述，从目前研究成果来看，关于供应链关系质量影响新创企业成长绩效的动态演化机制及其驱动因素仍然缺乏细致的解释。值得肯定的是，已有成果为下文的理论探索提供了借鉴，如已有研究间接表明，外部环境、资源禀赋、战略制定等对组织间供应链关系质量的演化以及企业成长会产生影响（Dittrich & Duysters，2007；彭新敏等，2011）。因此，基于上述尚未系统解答的问题，接下来将进行探索性案例研究。

6.2.1 新创企业供应链关系质量的动态演化

已有研究表明，供应链关系质量对客户与供应商关系的发展和维持具有积极影响，对企业成长具有促进作用（Skarmeas et al.，2008；Ural，2009）。然而，由于这些研究采用一种限制性和静态的视角来探讨供应链关系质量的构建，且很少提供关于供应链关系质量影响新创企业成长随时间变化的见解，因此结论存在一定的局限性。Greiner（1972）的企业生命周期理论和 Helfat 和 Peteraf（2003）的能力生命周期理论对于新创企业供应链关系质量影响成长绩效的演化发展具有借鉴意义。Akrout（2014）通过半结构化访谈，对企业间关系质量的本质和演化进行探析，其中对企业进行访谈的五个主题为：①买方和卖方之间的关系特征；②受访者需要重申其与供应商之间关系所处的阶段以及与供应商关系的质量；③信任、承诺和满意的形式；④有利于提高关系质量的要素；⑤卖方的个人特征和文化敏感性。作者于 2011 年 10 月至 2012 年 3 月共进行了 39 次半结构化访谈，每次访谈时间平均 90 分钟，并对访谈内容进行记录并转录。其中处于关系探索阶段的有 9 家企业、关系开发阶段的有 15 家企业、关系维护阶段的有 15 家企业。通过考察买方和供方之间关系质量维度的演变，揭示了关系质量的多阶段类型。研究表明，随着关系的发展，企业间关系质量的构成和前因发生根本性变化。但是作者研究的主要是跨国企业的关系质量，对于新创企业成长中的供应链关系质量的动态变化尚未开展研究。作为新创企业，如何通过供应链关系质量促进其快速成长具有重要意义，因此亟待厘清供应链关系质量在各个成长阶段的动态演化规律，以便能够给现实新创企业发展提供指导。

新创企业成长阶段，主要分为初创阶段、成长阶段和完善阶段，其理论依据主要来源于符健春等（2008）的研究。符健春等（2008）对五阶段模型进行整合，采用了三阶段模型，后来有较多研究者采用了该研究成果。本书采用三阶段模型，并对三个成长阶段进行了特征分析，提出新创企业初创阶段为企业生存阶段，尚未被市场认可，存在的不确定性和风险较大；成长阶段主要特征是业务持续增长，逐渐被市场接纳，抵御风险能力增强；处于完善阶段的企业，具有一定的竞争能力，销售额趋于稳定增长，发展速度放缓。在此基础上，选取成立时间在 10 年之内的科技型新创企业作为案例研究对象，分析环境不确定性、资源禀赋和战略选择对供应链关系质量和成长绩效关系的动态演化机制。

6.2.2 环境不确定性对新创企业供应链关系质量和成长绩效关系的动态演化影响

环境不确定性是外部环境的重要特征，同时也与企业内部管理水平具有一定相关关系。环境不确定性主要由技术发展、制度特征以及市场偏好等要素构成，每个企业感知的不确定性存在差异。为了对环境不确定进行划分，Duncan 设计了"简单—复杂"和"静态—动态"四维象限，认为"静态—动态"体现了环境动态性，"简单—复杂"体现了环境复杂性。环境不确定性是影响新创企业不同阶段供应链关系质量适应性的关键因素，能够对关系获取资源产生积极或消极作用，对企业的成长具有重要影响。反过来，企业需要不断成长，才能具有更强的能力来应对环境不确定性。

Kemper 等（2013）认为，外部关系演化是环境变化、企业战略等共同作用的结果，外部环境不确定性影响企业的供应链关系质量，进而影响企业可获取的外部资源。竞争越激烈，外部环境不确定性越强，对供应链关系质量与企业绩效的影响就越大。在外部环境动态性和复杂性越大时，需要公司时刻监控外部环境变化趋势，并相应地调整供应链关系。处于高度竞争的市场环境中，新创企业可能更需要基于互动沟通、合作、适应和信任的有效供应链关系质量。同时，Ford（1980）提出供应链关系必须不断加强，但要设法避免制度化。关系制度化带来的更多是负面影响，造成企业满足现状、活力丧失、自负情绪等，进而影响市场销售的增长，利润空间的降低等（Day，1994）。因此，探讨新创企业供应链关系质量在不同阶段如何影响企业成长的演化规律时，需要充分认识到不同成长阶段环境不确定性的特征。

交易成本理论（Transaction Cost Theory）表明，环境不确定性给企业成长带来一定负面影响，因为不确定性增加了企业间交易的难度，增加机会主义行为出现的概率（Coase，1937）。此外，环境不确定性给市场需求造成较大冲击，进而影响企业的采购、生产和销售等各个管理环节，给企业的经营决策带来很大挑战。交易成本理论表明，企业之间的合作关系受外部环境因素制约，同时合作有助于减弱环境不确定性对企业的负面影响。例如，环境不确定性会影响企业原料供应，从而造成企业生产计划的无序，甚至影响产品质量，进而影响企业绩效和成长。而通过与外部供应商和客户的战略合作关系构建，能够将最新的市场信息通过客户传递给供应商，以便供应商能够及时调整生产计划和安排，从而与买方企业形成紧密对接，为买方企业按时提供高质量的原料供应，保障和提升买方企业绩效。

在成长过程中，新创企业对于外部多样化资源的需求会随着环境不确定性程度的上升而增加，因为新创企业需要收集不同渠道的资源和知识从而增强其应对外部环境挑战的能力，并做出正确的战略选择，以便能应对快速变化的技术环境和市场环境（Patel et al.，2011；Jiao et al.，2013；Söderblom et al.，2015）。彭伟和符正平（2013）指出，环境不确定性是导致新创企业外部关系动态演化的重要驱动因素。面对不确定性的外部环境时，企业需要构建适宜的供应链关系质量，占据外部关系链条中的核心位置是明智之举（Su，Chen & Ro，2017）。面对现实，有较多的新创企业成长受阻或者倒闭，很大程度就是没能根据外部环境不确定性的客观情况做出适时的关系调整，影响了新创企业与外部关系的动态匹配。总之，当前市场竞争日益加剧，技术革新日新月异，顾客需求多样化、产品生命周期缩短等众多外部环境挑战，作为新创企业，需要重视并强化与供应链成员的关系以应对环境不确定性带来的冲击，增强企业持续成长能力（Jiao et al.，2013；许德惠等，2012；曹永辉，2016）。

6.2.3 资源禀赋对新创企业供应链关系质量和成长绩效关系的动态演化影响

Stinchcombe 和 March（1965）提出，新创企业具有新创劣势（Liability of Newness）。Hite 和 Hesterly（2001）认为，新创企业在早期成长阶段将面临两难困境，即内部资源稀缺和难以通过市场交易获取外部资源。因此，企业成长不仅需要积累内部专用性资源，还需要通过供应链关系积极拓展外部互补性资源（Lee & Lee，2001）。资源是新创企业发展的重要基础，企业应当尽可能获取更多补充性资源，以便能够支持战略行动。新创企业成长过程中的创业机会识别能力非常重要，而没有足够的资源作为基础，即使出现了很好的机会，也难以将机会转化为现实绩效。加之，新创企业的战略实施，更是在资源基础上的管理活动。资源禀赋是新创企业成长的重要基础，而通过供应链关系获取的外部异质性资源与企业内部资源的整合为企业资源禀赋的增加起到了重要作用，新创企业的创业者应该积极通过供应链关系获取上下游的有效资源。但是，资源获取存在一定的侧重性，因为对于外部资源类型的偏爱是与企业过去的管理实践和知识背景分不开的。技术出身的创业领导团队在获取技术资源方面具有一定的便利性，会倾向于技术领域的开拓，新创企业成长依赖于技术资源的比重较大；而熟悉市场运作的创业团队，在获取市场资源方面具有一定的优势，势必会注重营销资源的获取和整合。这些特征充分支持了企业成长过程中，资源禀赋对于企业战略方向的制定具有重要影响，因此，企业在获取外部资源时，需要结合自身资源的实际情况，寻找互补性资源以便能提高经营绩效。

新创企业对外部关系及获取资源渠道上具有一定的路径依赖性。由于新创企业的"新进入缺陷"（Stinchcombe & March，1965），在早期阶段，企业缺乏获取资源的途径，并且在管理资源能力方面也存在欠缺。新创企业通过"熟人"建立的供应链关系，在初期的确给企业的生存和成长奠定了基础，但是随着企业的成长，长时间依赖于相同外部关系而获得的资源，由于同质化导致资源整合和重构的边际效应递减，影响了资源禀赋作用的最优发挥。因此，新创企业在成长过程中需要根据内部资源情况，建立多样化的最优资源获取渠道，虽然这种过程在理论上可行，实践起来还有一定的困难，但是致力于这个方向的新创企业相较其他企业还是能够取得较好的企业成长绩效。

新创企业的内部资源禀赋对外部合作关系具有二元性，主要体现在内部资源禀赋既是外部关系资源积累和整合的结果，也是拓展外部关系获得新资源的资本。企业成长需要重视对资源的管理。处于不同成长阶段，对某些资源获取的优先性和必要性，决定了企业需要根据所处发展时期，选择与之相匹配的供应链关系质量来获取外部资源，从而积累和增加新创企业的资源禀赋，提高资源利用率。而同时，资源禀赋的丰富程度又影响供应链关系的构建以及企业成长。Milgrom 和 Roberts（1995）、Cable 和 Edwards（2004）用互补效应和替代效应分析了资源的边际价值。梁强等（2016）提出，新创企业的成长是内部资源禀赋与外部合作关系平衡的过程，也是一个相辅相成的动态变化过程。总之，对于新创企业而言，大多数学者认为，资源禀赋与外部关系具有战略互补性，并且这种协同价值具有递增趋势。

6.2.4　战略选择对新创企业供应链关系质量和成长绩效关系的动态演化影响

Miles 等（1978）将企业战略分为四种类型，即前瞻者战略、防守者战略、分析者战略以及反应者战略，这一战略划分得到了较多学者的认可。企业实施前瞻者战略时，倾向于在市场机会和技术创新的开拓性活动中寻找成长机会（Snow & Hrebiniak，1980），而实施防守者战略则与前瞻者战略思路相反，主要采取保守的战略思路，将企业发展局限于某一特定细分市场或技术领域（Hambrick，1983）。分析者战略相对比较中庸，处于以上两个战略之间（Miller，1983）。研究表明，企业战略选择要与企业成长周期相适应。企业战略选择的核心问题就是应对适应性周期，适应度强表明企业战略的实施更加有效。此外,特定的战略选择需要综合考虑外部环境的影响和资源支持的情况,匹配度越高,企业成长步伐就越快。

新创企业相比在位企业,战略选择思路和行为既存在相似性,也存在差异性。两者在创业战略选择应对适应性周期方面有共同之处,而战略选择在限定因素方面则存在明显差异。与在位企业相比,在资源禀赋方面,在位企业具有明显优势,而新创企业具有先天劣势,同时由于自身资源的差异性,在应对外部环境的能力方面自然不同,而这些对于企业战略选择具有重要影响。因此,新创企业处于初创阶段、成长阶段以及完善阶段,采取的战略选择也就存在差异性,因而体现出了三种不同的战略模式及模式组合。

正如前文所述,因为新创企业存在一定劣势(Liability of Newness),如规模较小、内部资源匮乏、外部合法性缺失等,限制了企业的成长(Stinchcombe & March,1965)。此时,企业需要依赖外部供应链关系来拓展获取资源的渠道,并结合内部资源用于寻找创业机会并谋划战略思路,而创业战略行为则是要在资源约束基础上做出选择(Sullivan & Ford,2014)。战略选择理论强调了战略目标对企业成长的重要指引作用以及战略资源对于企业持续发展的积极促进作用。在成长过程中,伴随战略类型的选择,新创企业必须适时调整和优化所构建的供应链关系,否则可能影响企业的持续成长,重则可能使企业倒闭。彭伟和符正平(2013)在研究新创企业外部关系动态演化时指出,企业战略是影响关系动态变化的关键驱动要素,当企业战略进行调整时,供应链关系质量要随之予以变更。综上,战略选择对新创企业供应链关系质量与成长绩效的动态关系演化具有重要影响作用,需要深入进行研究。

6.2.5 分析思路

已有文献为本章提供了理论分析基础和有益启示,但是对于供应链关系质量如何动态影响新创企业成长绩效的研究依然不足。本章尝试从动态演化视角来分析案例企业(盛源能源公司)如何根据不同成长阶段构建并发展适宜的供应链关系质量，从而揭示案例企业供应链关系质量对成长绩效影响的动态演化规律，并挖掘动态变化的原因、特征及过程。基于现有文献，本章提出如图 6-1 所示的分析思路。

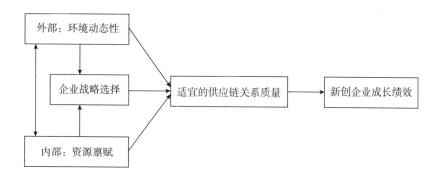

图 6-1　供应链关系质量影响成长绩效的研究模型

6.3　研究设计

6.3.1　研究方法

本章采用探索性单案例研究方法进行企业成长的多阶段过程分析。首先，聚焦于新创企业如何构建适宜的供应链关系质量以促进企业发展，并探索其背后的成长演化机理，同时研究了"how"和"why"的问题。其次，以新创企业为例，研究新创企业每个成长阶段影响供应链关系质量及企业成长的因素变化，这属于动态发展过程，适宜采用单案例研究。最后，现有研究成果对于本章的问题没有深入剖析和解答，属于较新的课题研究，因此采取了探索性案例研究方法。此外，本章研究过程中将会涉部分新的概念，如供应链关系质量的类型等，而新概念的分析需要丰富的案例素材作为支撑，单案例研究致力于某一特定问题的深入描述和探索，便于获得三角印证的丰富素材，有助于理解现象背后的动态演化机制（Eisenhardt & Graebner，2007）。

6.3.2 目标案例的选择

本章采用典型的单案例研究，以便能探索性地挖掘供应链关系质量影响新创企业成长的动态演化路径。根据 Eisenhardt（1989）案例分析的典型性原则进行理论抽样，避免产生外生变异。毛基业和李高勇（2014）指出，进行案例研究时需要观察和分析案例的极端现象，以便能够排除典型情境下影响因素对于研究结论的干扰，得到更稳健的理论解释。

据此，采用理论抽样方法，选取河南省一家新创企业，即濮阳盛源能源科技有限公司作为样本①。原因是：①成长的代表性。盛源公司从 2012 年成立，到 2018 年，经过 6 年的发展，取得了一定的成绩，具有非常强的代表性。②阶段的典型性。盛源公司在每个发展阶段都具有典型性的成长事件，能够系统深入地反映供应链关系质量在每个阶段的发展变化，以及对于快速成长产生积极影响的动态演化路径。③结论的推广性。盛源公司位于河南省，因为作为中西部地区代表的河南省近年新创企业蓬勃发展，能够反映中西部地区新创企业的成长和发展程度，得出的结论易于推广，具有较高外部效度。④数据获取的便利性。这家企业是研究团队进行合作的企业，便于获取更多翔实资料，形成三角印证的稳健因果链。因此。最终选取盛源公司作为目标案例。

濮阳市盛源能源科技股份有限公司成立于 2012 年 12 月，公司位于河南省范县产业集聚区新区产业园内，占地面积 280 余亩，主要经营顺丁烯二酸酐（顺酐）的生产销售，公司产品主要提供给石油化工、医药农药、精细化工等领域客户。公司于 2015 年 11 月底在新三板挂牌上市，证券代

---

① 在案例分析时，濮阳盛源能源科技有限公司简称为"盛源公司"，特此说明。

码834408。公司依托科技创新，正努力打造成为创新型新材料的新型科技公司。公司拥有5万吨/年顺酐装置，专注于顺酐下游产品中绿色环保新材料的生产与销售，产品具有广泛应用领域：如可降解塑料、无毒农药、不饱和树脂、无毒增塑剂等。2014年被评为"省级技术中心"，"国家级高新技术企业"。2015年公司与中国科学院合作研发的离子液体协同催化生产异辛烷绿色烷基化新技术被中国石油和化学工业联合会认可，被评为国内外首创，具有经济和环保优势，其关键技术指标达到国际领先水平。2015年12月，获得"省节能减排科技创新示范企业"、"河南省博士后研发基地"。2016年3月，荣获河南省百高企业。2016年12月，公司设立"河南省院士工作站"。

公司从成立至今，非常注重外部供应链关系的建立和维护，积极提升供应链关系质量，并通过有效的供应链关系质量来整合企业创新资源，公司始终坚持"科技兴企，创新发展"，与国内外科研院所以及行业专家进行深度合作，获得了多项科技成果。公司与外部供应商及客户等供应链伙伴积极合作，借鉴并重构企业发展所需知识，不断完善质量管理体系，采用科学先进的检测技术，保证了产品的高质量，同时建有完善的售后服务系统，积极提升营销整合能力，使企业内外部资源能够与企业的快速成长相匹配。公司近年以高质量的产品和优质的服务赢得了用户，抢占了市场，主要产品在省内市场占有率第一。其成长历程及关键成长事件如图6-2所示。

图6-2 公司成长历程及关键成长事件

6.3.3　数据收集

6.3.3.1　资料来源

本章遵循 Eisenhardt（1989）、Yin（2013）提出的数据收集原则，多渠道、多来源收集企业一手数据和二手相关数据，实现数据三角印证。

（1）一手数据。

主要通过半结构化访谈获得相关数据，包括深度访谈和非深度访谈。非深度访谈包括座谈记录、参加会议等。深度访谈包括企业内部人员的深度访谈、企业供应链合作伙伴（如顾客、供应商等）深度访谈及企业同行采访记录等。深度访谈均采用"一对一"访谈，共进行三阶段六次的访谈，访谈对象主要是企业中高层管理人员和外部的客户、供应商及同行，深度访谈的内容主要是案例公司基本概况、公司成立以来与合作伙伴所建立供应链关系的基本情况，包括建立时间、构建原因、每个阶段发展思路、运行效果、合作伙伴、外部环境、资源禀赋、企业战略等情况以及关键事件的描述等。

在访谈结束后立即进行资料整理，并通过与导师组研究成员探讨，分析不同回答者数据之间的差异，通过后续访谈进行资料补充和完善。访谈的具体实施情况如表 6-1 所示。

表 6-1　关于案例企业情况的深度访谈

序号	受访者编号	受访者	访谈时长（分钟）	访谈次数（次）
1	A1	总经理	68	2
2	A2	生产副总	90	1
3	A3	销售经理	100	2
4	A4	研发经理	98	2
5	A5	采购经理	78	2
6	A6	总经办	85	1
7	A7	人力资源经理	68	1
8	A8	财务经理	69	2

续表

序号	受访者编号	受访者	访谈时长（分钟）	访谈次数（次）
9	A9	质检经理	83	1
10	B1	企业客户 （采购经理）	96	2
11	B2	企业供应商 （营销经理）	105	2
12	B3	企业同行	97	2

注：略去受访人的姓名，企业内部访谈人员用 A+数字表示，外部访谈人员用 B+数字表示；所访谈人员均是对企业成长情况比较熟悉并且至少工作 3 年以上的中高层管理人员。

本书采取了以下措施来降低受访者的潜在偏差问题：①开展多轮次访谈。通过三阶段六轮次访谈，同时收集企业成长的纵贯式数据和实时数据，减少回顾性数据偏差。②减少受访者压力。具体是通过向受访者解释研究的意义，而非商业行为，同时承诺数据采访的匿名性，引导受访者追溯企业成长关键事件，再现当时情境，以便获得具有逻辑关系的信息（Eisenhardt，1989）。③多源数据交叉验证。通过与样本企业、客户、供应商的不同部门管理人员进行深度访谈，获得多元化信息。此外，向同行采集来自行业的评价信息，并将行业专家提供的信息作为一个独立的数据来源。

（2）二手数据。

主要包括企业网站信息、内部文件及宣传册等、公司战略发展规划、政府质量奖申报材料、科技项目申报材料、外部媒体访谈等资料。此外，通过国内外数据库搜索对企业的研究文献，并通过多种搜索引擎收集企业网上的相关信息，包括视频、新闻报道以及评论等。

6.3.3.2 资料编码

案例资料编码需要依据科学性和规范性原则进行（Mirabeau & Maguire，2014）。本章据此采用多级编码进行数据分析。经过三轮讨论和编码筛选，最终确认编码结果一致性。然后，经盛源公司核实，获得认可反馈，最终保留了 302 个条目，如表 6-2 所示。

表6-2 公司数据编码

资料来源	资料获得方式	编码	条目数
一手资料	深度访谈获得的资料	F1	136
	非深度访谈获得的资料	F2	18
二手数据	企业网站及内部文件	S1	56
	企业战略发展规划	S2	20
	经营质量奖申报材料	S3	26
	科技项目申报材料	S4	18
	外部媒体报道资料	S5	16
	外部文献资料	S6	12

注：通过深度访谈获得的资料编号为F1，共对12个人进行了深度访谈，其中包括企业内部人员9人，编号为A1～A9；企业外部人员3人，分别是客户、供应商和企业同行，编号是B1、B2和B3。关于深度访谈的数据来源就用F1和A（或者B）的联合编号表示，如通过深度访谈公司总经理获得的数据就用F1A1表示，以此类推。二手数据中的企业战略规划、经营质量奖申报材料及科技项目申报材料对于研究比较重要，因此从二手数据中特别单列出来。

6.3.4 信度与效度

根据案例分析要求，保障案例研究的信度和效度，具体措施如下：

确保研究信度的措施：制定案例研究计划书，撰写案例研究草案，检验受访者以及数据分析者信度，并尽力从信度较高的受访者（如工作年限相对较长）那里采集数据，数据分析也尽量与行业专家合作进行。

确保建构效度的措施：一是采用多种证据来源的数据，主要包括数据采集方式的多样性和同一问题的多维度资料，从而实现三角验证；二是遵循Yin（2013）的案例分析步骤进行科学分析，形成严密的证据链条；三是多位专家参与和评价案例分析，对案例材料进行补充和完善。

确保内部效度的措施：一是多种方法获取案例数据；二是对案例中的每个阶段的子案例进行分析，比较关系逻辑的异同，提炼理论模型，并通过与现有文献的比较突出异同，提高研究结论的内部效度。

确保外部效度的措施：采用单案例多阶段进行典型地区（河南省）新创企业数据分析，实现了原样复制和理论复制。

6.4 案例描述与讨论

6.4.1 企业初创阶段（2012~2014 年）

6.4.1.1 案例描述

"濮阳市盛源能源科技股份有限公司成立于 2012 年 12 月，公司位于河南省范县产业集聚区新区产业园内，占地面积 280 余亩，主要经营顺丁烯二酸酐（顺酐）的生产销售，公司产品主要提供给石油化工、医药农药、精细化工等领域客户。公司 2012 年底到 2014 年底，为企业的初创阶段"（S3）。

"我们公司创建初期，从外部环境动态性来看，国内外宏观经济具有较大的不确定性，对公司产品产生较大影响，如国际原油价格的不稳定性、页岩气革命对原油的替代效应正在显现，压缩了原油下游行业的利润空间等"（F1A1）。但是，随着国内塑料可降解技术的成熟，"限塑令"的持续加码对可降解塑料形成长久利好，产能有望进一步爆发；房地产深度调整影响相关化工产品的需求恢复等对顺酐的市场需求大增。"顺酐在全球大部分采用正丁烷为原料，大规模生产，成本低，产品质量稳定，供需基本平衡，没有大起大落，属成熟期"（F1A6）。"我国顺酐市场正处于成长期阶段，发展潜力巨大"（S2）；"目前不存在替代品，市场风险较小；西气东输天然气增多，液化气供应充足，深加工下游副产品正是正丁烷，也即顺酐原料供应可靠，产品成本低；工艺技术成熟，设备先进，技术风险小。此外，污染防治力度的加大、劳动保护及排放标准的提高等政策都将迫使石化企业增加技术改造、安全防范、污染治理、管理规范等方面的开支，同时也意味着巨大的市场机会与潜在进入者较高地进入壁垒"（S2）。"与国外相比，我国顺酐单价较西欧、美国便宜。价格因素促使我国顺酐出口呈上升趋势"（S3）。

"公司在初创阶段，要面临着新产品的试制和批量生产，以及市场的开拓，因此存在不少挑战"（F1A2）。从公司新产品的研发过程来看，从立项到产品的试车成功，周期至少需要一年的时间，这期间公司将面临着技术本身的风险、前期投入直至产生利润回报期间的财务风险、后期市场销售风险等。

公司成立之初，注重内部资源的配置和整合。"由于是新建企业，初期投入较大，公司不断加大基础设施建设，从一开始就注重先进生产设备的引入，以保障公司的产品质量"（F1A2）。主要生产设备全部进口，配备设置 DCS 自动控制系统，设备采用国内先进制造厂家的固定床反应器，催化剂是使用德国莱克恩公司制造生产的，采用德国 poly 公司进口溶剂，动力部分采用西门子公司汽轮机，属于热能再利用，尾气采用德国蓄热焚烧技术，做到了低能耗余热回收。拥有在线检测设备等产品生产设备及国内先进的检验、检测设备。研发实力雄厚，检测手段齐全。"公司设备采用国内先进的 DCS 控制系统、SIS 安全联锁仪表系统和环境在线监测系统，通过以上智能化监测系统完成生产过程的监控和管理、故障诊断和分析、性能计算和分析、生产调度、生产优化等过程，对生产过程中变送器、监测元件、执行器、控制装置和过程设备生产工况进行监测，及早发现故障，及时采取措施，提高生产的安全性"（S3）。也就是说，公司初创阶段，主要的内部资源还在于企业的基础设施以及智能生产设备等。当然，"公司人力资源也基本适应公司目前发展需要，人员职务结构合理，职工较为年轻化，具有一定的学习能力"（F1A7）。

公司成立初期，主动适应外部环境变化，提出防御者战略和分析者战略。"公司把握顺酐下游产品行业快速发展的机遇，向行业领头企业学习经验，建立先进的顺酐生产线，稳定和优化顺酐的产能及销售"（F1A3）。公司创业之初，就十分重视产品质量并确立了"质量就是企业生命"的管理理念。公司领导一直倡导"想干有机会，能干有舞台，干好有回报。""始终坚持科技创新，惠及社会，致力于发展绿色能源产业为使命，努力把盛源打造成以高科技、链条化、环保型，有自主知识产权、技术领先、追求卓越的公司"（S1）。公司实施防御者战略，创业初期（2012～2013 年）采取相对稳健的发展思路，倾向于将自己的战略行动局限于顺酐这一细分市场，并专注于顺酐产品相关领域的技术研发。2014 年，企业实施了分析者战略，在基础设施基本完成，企业资源积累有一定基础的条件下，积极向行业领头企业学习，进行顺酐产品的前沿技术研发，崇尚"技术领先"，并开拓市场，取得了一定的成效。

公司供应链上下游的社会资源比较广泛，"对盛源能源公司来说，社会资源主要是指客户资源、中国石油资源两大类"（S3）。公司初创阶段，产品采购需要进行供应商的选择，由于是新的供应链关系合作，因此彼此存在戒备，合作更多是基于单纯经济利益考虑的短期交易或者一次性交易，信任程度低，承诺完全来源于合同，沟通的主题就是合同的履行保障。从下游供应链关系来讲，"产品销售还处于初始的关系销售阶段，即通过熟人圈子（亲朋好友和利益相关者等）进行产品销售"（F1A3），客户名义上是公司的客户，事实上是销售人员的关系熟人。一旦掌握这些资源的人员离开公司，客户就很可能流失。因此，客户资源仍需进一步掌握和挖掘。此外，盛源公司通过自己的独特渠道获得了中石油稳定的油品供应资源，但也面临着采购议价权的弱势，因此并不意味着能够形成对同行的成本优势，不能作为企业核心竞争资源。这些都表明在盛源公司的初创期，面临着供应链关系质量亟须提升的现实压力。

从以上分析来看，盛源能源公司初创时期的供应链关系质量具有阶段特殊性，本阶段的交易多是一次性的或者是小规模的，"交易双方处于彼此考察阶段，并不愿意为了长期的互惠互利而牺牲短期的利益"（F1A5），因此，对关系的投资都较少。关系的治理机制更多的是采用正式的合同来约束彼此的行为。"交易伙伴的目标更关注于探索建立互惠的关系是否成为可能，交易是双方合作关注的重点"（F2）。探索阶段是一个搜索和试验阶段，其中考虑了潜在的责任和利益（Potential Obligations and Benefits）。这个阶段的中心目标是减少不确定性和对持续交互的潜在收益的评估

（Jap，1999）。

从成长性来看，公司从 2012 年底成立到 2014 年底，在经过外部环境动态性及内部资源的综合分析之后，选择了与内外部资源相匹配的战略，并构建了该阶段与外部合作伙伴相适宜的供应链关系质量，推动了公司的发展。"公司顺利建立了 5 万吨/年顺酐装置，产品广泛应用于无毒农药、不饱和树脂、可降解塑料、无毒增塑剂等众多领域"（F1A2）。"2014 年，经过基础设施以及生产线的调试，公司开始批量生产顺酐，并且积极拓展销售渠道，整合销售力量，进行产品的销售，取得了实质性的进步"（F1A3）。"2014 年先后被评为省级技术中心，国家级高新技术企业"（S1）。

初创阶段企业供应链关系质量概念汇总如表 6-3 所示。

表 6-3　初创阶段企业供应链关系质量概念汇总

形成基础	测量变量	关键词	数据呈现 （例句援引）	数据来源
驱动因素	环境动态性	经济动荡 行业周期 市场机会	企业创建初期，国内外宏观经济具有较大的不确定性，如国际原油价格的不稳定性、页岩气革命对原油的替代效应正在显现，压缩了原油下游行业的利润空间等（F1A1） 顺酐在全球大部分采用正丁烷为原料，大规模生产，成本低，产品质量稳定，供需基本平衡，没有大起大落，属成熟期（F1A6） 我国顺酐市场正处于成长期阶段，发展潜力巨大（S2）	F1A1、F1A3、F1A6、F1B3、F2、S2、S3、S6
	资源禀赋	基础设施 智能生产 人力资源	由于是新建企业，初期投入较大，公司不断加大基础设施建设，从一开始就注重先进生产设备的引入，以保障公司的产品质量（F1A2） 配备设置 DCS 自动控制系统，设备采用国内先进制造厂家固定床反应器，通过智能化监测系统完成生产过程的监控和管理（S3） 公司人力资源基本适应公司目前发展需要，人员职务结构合理，职工较为年轻化，具有一定的学习能力（F1A7）	F1A1、F1A2、F1A7、F1B2、F2、S1、S3、S4

续表

形成基础	测量变量	关键词	数据呈现（例句援引）	数据来源
驱动因素	战略选择	防御者战略分析者战略	公司把握顺酐下游产品行业快速发展的机遇，向行业领头企业学习经验，稳定及优化顺酐产能及销售业务（F1A3） 始终坚持"科技创新，惠及社会"，致力于发展绿色能源产业为使命，努力把盛源打造成以高科技、链条化、环保型、有自主知识产权、技术领先、追求卓越的公司，执行"技术领先"战略，同时，投入大量资金进行研发（S1）	F1A1、F1A3、F1A4、F2、S1、S2、S3、S5
关系构建	交易型供应链关系质量	短期利益交易主导关系探索	交易双方处于彼此考察阶段，并不愿意为了长期的互惠互利而牺牲短期的利益（F1A5） 交易伙伴的目标更关注于探索建立互惠的关系，交易是双方合作关注的重点（F2） 公司初创阶段，产品销售还处于初始的关系销售阶段，即通过熟人圈子（亲朋好友和利益相关者等）进行产品销售（F1A3）	F1A3、F1A4、F1A5、F1B1、F1B2、F2、S1、S2、S3、S5、S6
企业成长	成长绩效	市场开拓技术突破	2014年，经过基础设施以及生产线的调试，公司开始批量生产顺酐，并且积极拓展销售渠道，整合销售力量，进行产品的销售，取得了实质性的进步（F1A3） 2014年，先后被评为"省级技术中心"、"国家级高新技术企业"（S1）	F1A3、F1A4、F1A8、F1A9、F1B1、F1B3、F2、S1、S3、S6

6.4.1.2 初创阶段供应链关系质量对新创企业成长绩效影响的演化机制

在上面案例描述的基础上，接下来主要对案例数据进行逻辑关系梳理，挖掘供应链关系质量影响新创企业成长绩效的动态机制，首先对初创阶段的关系演化过程进行分析，以形成严密的因果逻辑关系。

从公司初创阶段的基本情况来看，公司受到外部环境动态性的影响较大，这些关键影响因素包括经济动荡、行业周期和市场机会，给企业带来了挑战和机遇双重影响。"世界经济低速增长态势仍将延续，经济增长下行压力和产能过剩的矛盾有所加剧"（S1）。但是从行业周期来看，"我国顺酐市场正处于成长期阶段，发展潜力巨大"（S2），"与国外相比，我国顺酐单价较西欧、美国便宜。价格因素促使我国顺酐出口呈上升趋势"（S3）。公司领导者基于在石化产品中的多年经验，专注于顺酐产品创业。

从资源和企业内部能力上看，公司具有一定的优势，也具有较为明显的劣势。从企业内部资源上看，"由于新创企业，采用的设备多具有行业领先水平的硬件设施，虽然一定程度上带来资金和成本的压力，但是长期来看，还具有一定的竞争优势"（F1A2）。从人力资源上看，人员职务结构合理，职工较为年轻化，但是也存在经验不足的问题，总体上公司人力资源基本适应公司初创阶段的需要。从无形资源方面分析，公司尚未构筑起对同行明显优势的资质、品牌、商誉资源、专利及专有技术和社会资源。"处于初创阶段的盛源能源公司，能力方面存在一定的缺失，面临着管理水平滞后于发展水平的矛盾"（S1）。在这个阶段，盛源公司现实与潜在的生产能力可以满足企业短期内发展要求，但为了保障企业健康成长和快速发展，公司扬长避短，采取了防御者战略和分析者战略，专注于顺酐产品的技术研发和智能生产，这是公司内外部综合因素影响的权衡结果，也是企业初创到成长阶段的合理方案，符合企业的客观情况。"这个阶段，对于公司来讲，短板是企业外部供应链关系的构建，因为无论外部知识资源的吸收和重构，还是供应商的选择和客户的合作，都是需要通过外部关系的连接产生积极作用的"（F1A1）。虽然初期熟人因素等构建起来的"私人"供应链关系，能够适应企业初创阶段对管理的要求，但是在未来公司成长和发展的过程中，这种相对薄弱的供应链关系管理水平将成为企业发展道路上的瓶颈。

基于以上分析，公司在私人建立的供应链关系基础上，就有意识地去发展外部关系，并采取各种方式加强与外部供应商与顾客的供应链关系质量，营造信任的合作氛围，形成实质性合作，虽然很多是一次性的交易，但正是多次的一次性才会形成信任合作的重复性。"在初创阶段，我们公司首先从内部建立相关制度，以指导公司内部人员如何与外部构建适宜的供应链关系，如建立对供应商的科学管理制度，制定了规范供应商的进入、晋级和退出及淘汰等文件"（F1B1）。"我们公司致力于与重要的顾客、周边重点企业建立相互沟通机制。通过推介会、洽谈会等积极寻求并开发潜在的客户"（F1B2）。公司从建立之初就提出"以人为本、科学管理、持续改进、精益求精"，注重产品质量的稳定性、一致性、交付率，以满足供应链下游客户的需求。虽然该阶段的交易量较少，但是产品质量、交货速度等方面得到了客户的肯定。在这个阶段，处于关系的探索期，供应链关系质量以"交易"作为关系构建的主题，其关键词为短期利益、交易主导和关系探索。从企业成长方面看，2014 年，盛源公司经过一年多的创业努力，拥有 5 万吨/年顺酐装置及 1.8 万吨/年顺酐衍生物装置。其中顺酐生产装置为全国第三大正丁烷法（注：顺酐两种生产工艺为苯法和正丁烷法，公司所使用为最先进的正丁烷法）溶剂吸收顺酐装置，产品的市场开拓取得了积极的成效。

基于以上的逻辑分析，初创阶段盛源公司供应链关系质量影响成长绩效的动态演化如图 6-3 所示。

6.4.2　企业成长阶段（2015~2016 年）

6.4.2.1　案例描述

2015~2016 年，是盛源公司快速发展的阶段。在这个阶段，从外界环境来看，"传统石化行业面临着整体利润下降的压力"（S2），国家对环保的要求越来越高，另外农用化学品中顺酐用量较多的农药马拉硫磷属含硫、磷系农药受到控制，产量呈下降趋势。制造顺酐的苯法成本价格持续上涨，产品价格上涨，而正丁烷法利润提高。"我们公司的原材料需求倚重大型国企的特点决定了在未来随着产品产能和产量的扩张，对外协配套

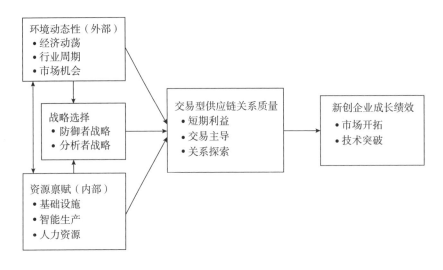

图 6-3　初创阶段盛源能源公司供应链关系质量影响成长绩效的动态演化

的需求也将相应大幅度地提高"（F1A5）。而这一趋势将使公司产能已经受到外协配套能力约束的矛盾更趋恶化，很可能对公司发展造成阻碍。公司开始探索未来发展的方向和重点，"由于公司在初期阶段的成长和经验积累，外部动态性对公司的影响有所降低，公司对于外部环境的评估处于一般的水平"（F1A6）。公司开始对高附加值的产品进行重点开发或考虑相关投资并购事宜，在特定细分产品上构建成本及质量优势，打造创新型新材料知名企业品牌。

　　在快速成长阶段，公司具有较高的资源禀赋。"公司具有优秀的决策团队，管控能力增强，具有一定的风险控制能力"（S5）。"公司不断吸引大批有专业背景的技术人才加盟，如公司生产郑副总就是从其他公司引进的高端人才"（F1A7）。"郑副总曾任国内首套引进美国科学设计公司正丁烷法顺酐技术的负责人，拥有顺酐行业 25 年以上的生产管理经验"（F1A1）。"郑副总在来到公司之后，总经理给予郑副总充分的信任和授权，使他能够充分发挥作用"（F1A7）。宽松的研发氛围激发创新活力，人本化的员工关怀提高了员工忠诚度，核心团队较为稳定。"公司注重学习型组织的创建，通过与外部咨询公司合作，积极对企业员工进行针对性培训，提升了员工的素质和学习自觉性"（F1A7）。与多个知名院校建立了长期的密切合作关系，确立了"科技兴企、创新发展"的发展理念。

从战略上看，公司适应外部环境变化，采用了分析者型和探索者战略，"稳定及优化顺酐产能及销售业务，积极发挥企业优势，有效整合内外部资源，全力打造企业核心竞争力"（F1A1）。公司以上市要求规范企业建设，实现公司做大做强的目标。"公司崇尚科技创新，积极实施新技改方案，通过与院所合作研究，选定并储备新产品项目，积极进行专利申请，在行业创新中占据一席之地"（F1A4）。公司制定了2015～2020年发展战略总体目标，即"建立规范稳健型发展模式，稳定和优化现有产品生产规模及质量，并探索下游高附加值产品一体化发展，形成最优公司产品线布局；以新三板上市为契机，以管理提升为保障，以创新型新材料知名上市企业为目标，到2020年实现净利润10亿元目标"（S2）。

在成长阶段，盛源公司以战略目标为方向，整合各种资源进行战略部署。从外部关系上看，供应链关系是企业整合和重构资源的有力手段和方式。盛源公司经过初创时期的供应链关系发展，已经积累了一定的经验，并且从私人所建立的外部企业关系，开始高质量发展与外部供应链合作伙伴的关系。"公司致力于与重要的供应商、顾客、周边重点企业建立相互沟通、全面合作、"长期、稳定、共赢"的战略合作伙伴关系"（S1）。

首先，盛源公司为获得供应链合作伙伴的信任，加大对品牌树立的投入，提高自身知名度。"公司制定了品牌发展规划，通过建立公司官网、CIS设计将企业经营理念与精神文化统一起来，运用整体传达系统将信息传达给企业内部和社会大众，使他们对企业产生一致的价值认同感，增强企业内部的凝聚力"（F1A3）。通过企业形象宣传、展会宣传、新闻稿件宣传、行业协会活动宣传、网络推广、发布微信公众号等多种方式推广公司品牌，提高品牌知名度。

其次，"为了与供应链下游的客户建立良好的关系质量，公司销售部通过对客户的需求评价来确认客户的需求，使所有顾客对产品和服务的要求、期望及差异点都得到有效的识别和确认，并及时转化为技术和管理标准，在设计、研发、采购、生产、检测、运输、交付等各环节上予以传达、实现"（S3）。公司客户依据地域、购买量和需求层次的不同，对客户进行细分，及时满足客户需求（见表6-4）。"经过两年发展，公司已经积累了一批关系稳定的合作客户，且与石油化工类贸易公司合作密切，（F1A3）。公司产品开始外销，包括俄罗斯、印度、新加坡、印度尼西亚、土耳其等国家和地区。

表6-4　供应链上顾客细分与需求识别

		细分角度	需求特性
国内	直销	浙江××科技有限公司 河南××树脂有限公司 淮北××新型材料有限公司	资源分配、质量、价格、交货期、技术服务
	经销	中国××××股份有限公司 中垦××××贸易有限公司	质量、价格、交货期、异议处理
国外	经销	俄罗斯、印度、新加坡、印度尼西亚、土耳其	质量、交货期、技术服务、异议处理

最后，公司对供应商及其他合作伙伴的关系也积极采取了多样化的合作措施，以加强信任，增进交流，促进深度合作。"公司在发展与供应商关系质量过程中，坚持互利共赢的原则"（F1B2）。在采购过程中，对供应商实行透明化招标采购，与资质高、信誉好、保证能力强的供应商实施战略合作。定期对供应商进行综合评价，通过良性的竞争机制，优胜劣汰，保证供应商队伍的最优化。公司已经与一些公司建立亲密的合作关系，比初创阶段的关系质量有了很大的提高，沟通频率增加，信赖程度提高，原材料稳定供给，如合作伙伴中石油等，这样能够降低因供应商变动引起的原材料价格波动风险。公司与战略供应商和客户合作共同拓展市场，如对客户提出的产品改进建议和市场销售策略，公司积极采纳。战略供应商根据盛源公司提出的产品改进方案，献计献策，并积极配合原材料

质量的提升和供应。公司还与关键顾客和供方建立多样化的沟通渠道，公司高层每年走访战略供应商、战略顾客，进行双向交流。例如，与客户建立健全合作关系，双方定期互访，加强沟通，促进合作。与关键海外供应商等企业在初期阶段合作的基础上，逐渐建立了战略合作伙伴关系。

上面的案例表明，在快速成长阶段，盛源公司所构建的供应链关系质量与初创时期的关系质量具有明显不同的特征。"这个阶段我们公司构建的供应链关系发展到了扩张阶段，我们和供应链合作伙伴开始进行更频繁的沟通和互动，包括对新的和有风险的活动进行共同规划等"（F1A5）。通过关系磨合以及成功交易，商业伙伴逐渐相信他们所进行的合作将给彼此带来好处（Schmitz et al.，2017）。在频繁的互动中，逐渐形成合作的方向和目标，并且相互依赖性与信任程度增强（Dwyer et al.，1987；Jap & Anderson，2007）。"该阶段是关系规范的阶段，关系双方的收益和依赖性在持续增加，双方通过制定关系准则等措施将交易关系逐渐转变为长期的关系"（F1A3）。从上面的分析看，这个阶段的关系质量属于认知型供应链关系质量。

"2015~2016 年，公司处于快速发展期，取得了突破性成长业绩，如2015 年与中国科学院合作研发的离子液体协同催化生产异辛烷绿色烷基化新技术，具有经济和环保优势，关键技术指标达到国际领先水平"（S4），被中石油和化学工业联合会评为国内首创，公司荣获"2015 年度中国科技创新先进单位"。2015 年，公司在北京新三板挂牌上市。2016 年荣获"中国企业年度最佳创新品牌"等荣誉。公司设立河南省院士工作站的申请获得河南省科技厅批准。通过设立院士工作站，以项目为依托，以合作为纽带，不断加强合作创新，增强企业核心竞争力，为公司成为创新型新材料企业提供了有力的支撑。此外，"借助院士和科研团队的智力，为企业培养高端技术人才，促进产学研紧密结合，加快科研成果转化"（F1A4）。"企业销售额逐年递增，顾客满意度提升"（F1A8）。

成长阶段企业供应链关系质量概念汇总如表6-5所示。

表6-5 成长阶段企业供应链关系质量概念汇总

形成基础	测量变量	关键词	数据呈现 （例句援引）	数据来源
驱动因素	环境动态性	行业压力 外协需求 动态影响	传统石化行业面临着整体利润下降的压力（S2） 我们公司的原材料需求倚重大型国企的特点决定了在未来随着产品产能和产量的扩张，对外协配套的需求也将相应大幅度地提高（F1A5） 由于公司在初期阶段的成长和经验积累，外部动态性对公司的影响有所降低，公司对于外部环境的评估处于一般水平（F1A6）	F1A3、F1A5、 F1A6、F1B3、 S2、S3、S6
	资源禀赋	管控能力 人才引进 学习型组织	公司具有优秀的决策团队，管控能力增强，具有一定的风险控制能力（S5） 公司不断吸引大批有专业背景的技术人才加盟，如公司副总就是从其他公司引进的高端人才（F1A7） 公司注重学习型组织的创建，通过与外部咨询公司合作，积极对企业员工进行针对性培训，提升了员工的素质和学习自觉性（F1A7）	F1A1、F1A2、 F1A7、F1A8、 F2、S1、S5
	战略选择	分析者战略 探索者战略	稳定及优化顺酐产能及销售业务，积极发挥企业优势，有效整合内外部资源，全力打造企业核心竞争力（F1A1） 公司崇尚科技创新，积极实施新技改方案，通过与院所合作研究，选定并储备新产品项目，积极进行专利申请，在行业的基础创新中占据一席之地（F1A4）	F1A1、F1A3、 F1A4、F1A6、 S1、S2、S3、S6
关系构建	认知型供应 链关系质量	长期关系 互动规划 关系规范	公司致力于与重要的供应商、顾客、周边重点企业建立相互沟通、全面合作、"长期、稳定、共赢"的战略合作伙伴关系（S1） 这个阶段我们公司构建的供应链关系发展到了扩张阶段，我们和供应链合作伙伴开始进行更频繁的沟通和互动，包括对新的和有风险的活动的共同规划等（F1A5） 该阶段是关系规范的阶段，关系双方的收益和依赖性在持续增强，双方通过制定关系规范等措施将交易关系逐渐转变为长期的关系（F1A3）	F1A3、F1A4、 F1A5、F1B1、 F1B2、S2、 S3、S5

形成基础	测量变量	关键词	数据呈现 （例句援引）	数据来源
企业成长	成长绩效	突破性成长 创新资源 销售扩展	2015～2016 年，公司处于快速发展期，取得了突破性成长业绩，如 2015 年公司与中国科学院合作研发的离子液体协同催化生产辛烷绿色烷基化新技术，具有经济和环保优势关键技术指标，达到国际领先水平（S4） 聚集创新资源和高端人才。借助院士和科研团队的智力，为企业培养高端技术人才，促进产学研用紧密结合，加快科研成果转化率（F1A4） 企业销售额逐年递增，顾客满意度提升（F1A8）	F1A3、F1A4、 F1A8、F1A9、 F1B1、F1B3、 S1、S4

6.4.2.2 成长阶段供应链关系质量对新创企业成长绩效影响的演化机制

在盛源公司由创业阶段向成长阶段发展的过程中，"顺酐产业结构处于调整优化期，顺酐苯法工艺装置淘汰、整合产能占比较大，2015 年，淘汰产能 13.5 万吨，且 2016～2017 年产能总计中有 44 万吨产能装置长期闲置"（S2）。"基于行业压力和外部动态影响，公司开始探索未来发展方向和重点，公司开始对前后一体化且高附加值的产品进行重点开发或考虑相关投资并购事宜，在特定细分产品上构建成本及质量优势，打造创新型新材料知名企业品牌"（F2）。

"经过两年多公司初创期的发展和资源积累，企业规模变大、组织层级和人员增加、市场范围也在快速扩展。公司相对薄弱的综合管理水平已经得到了有效提升，管控能力增强"（F1A1）。并且结合未来发展目标，公司进行了有针对性的人才结构调整，实行外部引进与内部培养相结合的方式培养具有学习型和创造性的优秀人才，以满足公司战略发展的需要。公司倡导创建学习型组织，鼓励员工积极参与管理和技术培训，利用各种座谈会、交流会、发布会、操作示范等形式总结经验传授技艺，共同学习，实现持续改进。"盛源自创建以来，一直坚持以技术创新为己任，制定了《盛源公司专项奖励管理规定》，基金奖励项目包括产品升级奖，技术创新奖，管理升级奖，工艺改进奖，合理化建议奖，有效调动了员工创新的积极性，公司资源得到了有效的整合和提升"（F1A4）。这个阶段，盛源公司采取了分析者战略和探索者战略。

基于公司内外部的影响以及公司的战略选择，盛源公司通过拓展供应链关系来提升企业发展所匹配的知识和能力，从效率和效果上看，这是非常有效的一条路径。"盛源能源公司通过多种方式积极与外部供应链合作伙伴进行业务交流和沟通，公司高层领导通过走访主要客户和供应商，举办经销商订货会、新品发布会、培训联谊座谈会，参加行业展会，创建公司门户网站，指导供应商加强质量管理，组织客户开展专业知识讲座，进行客户满意度调查，参加社会活动等形式，与供应商、客户、合作伙伴进行交流与沟通，将公司的价值观、发展目标及绩效期望及时传递"（F1A6）。"公司积极与相关物流合作伙伴建立良好的供应链关系，选择专业化物流公司提供专业化服务，并将物流成本控制在可接受范围内"（F2）。这个阶段的供应链关系质量表现出认知型关系的特点：注重长期关系的建立、双向互动进行规划、供应链关系进行规范。

处于快速成长期的盛源公司，通过认知型供应链关系的构建，促进了企业外部资源和内部资源的有机整合，并对公司的组织架构、业务流程进行梳理和优化，提升了公司的竞争能力，取得了突破性成绩。"2015 年公司在整体行业处于低谷和亏损的时候，仍然实现了盈利"（F1A8）。2015 年，公司与中国科学院合作研发的离子液体协同催化生产异辛烷绿色烷基化新技术，具有经济和环保优势，关键技术指标达到国际领先水平，被中石油和化学工业联合会评为国内首创，并荣获"2015 年度中国科技创新先进单位"及河南省"节能减排科技创新示范企业"，并建立河南省博士后研发基地。2016 年，公司又荣获"河南省百高企业"、"中国企业年度最佳创新品牌"等荣誉。2015 年，公司还在新三板挂牌上市。2016 年 12 月，设立河南省院士工作站，与北京航空航天大学、北京化工大学和中国科学院过程工程研究所建立了良好的技术协作关系，进一步增强了公司的创新能力。"从市场绩效看，企业销售额逐年递增，顾客满意度相比竞争对手高，市场占有率在逐步扩大，在河南市场占据绝对优势地位"（F1B3）。

基于以上的逻辑分析，成长阶段盛源公司供应链关系质量影响成长绩效的动态演化如图6-4所示。

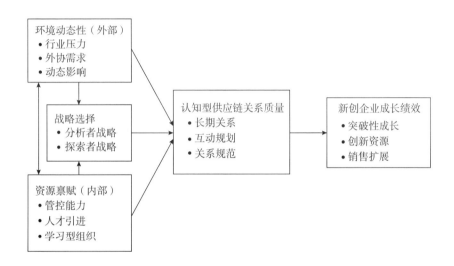

图6-4　发展阶段盛源能源公司供应链关系质量影响成长绩效的动态演化

6.4.3　企业完善阶段（2017年至今）

6.4.3.1　案例描述

"从2017年至今，公司处于相对完善的阶段，这个'完善'主要是相对于初创和成长阶段而言的，并不是绝对意义上的'完善'，因为这个阶段，盛源公司仍有需要改进和提升的地方，甚至有些方面，随着竞争激烈程度的提升，还处于短板。"公司总经理在接受访谈时表达了如上的观点，这也是公司高层领导对于公司现实情况的客观解读。

在这个阶段，从外部环境看，作为顺酐主要用途的不饱和树脂行业，2017年的国内开工率较2016年变化不大。2017年国内经济有所复苏，但国家越来越重视国内环境状况，"许多排放不达标的中小企业基本维持半开半停的状态，特别是山东、河北、河南、浙江等地受到的影响较为严重"（S2），导致2017年不饱和树脂整体开工延续低位状态。"顺酐行业由于环保压力，使得整个行业的发展出现变动，许多企业在变动中谋求发展"（F1A3）。国内部分大型主流树脂企业面对外部环境，审时度势，经过企业生产工艺以及技改后，治污设施齐全，排放达标，企业开工平稳，部分中小企业的下游客户开始寻求大型树脂企业合作，需求平稳之下，大型树脂企业保持稳步扩产，"2017年国内树脂行业整体供应面有了较为稳步的增量"（S6）。据盛源公司战略中所引用的卓创数据表明，2017年国内不饱和树脂产量在185万吨水平，较2016年上涨43万吨。面对这一外部环境，盛源公司确立了"用尖端科技引领智能未来"的战略方向，以化工产业为基础，不断探索更广领域前沿科技，掌握核心技术，并转化为生产力，成为智能科技发展潮流的引领者、智能幸福生活的创造者。

在完善阶段，盛源公司经过了快速成长期，并以2015年新三板上市为契机，积极整合内外部资源，提升了企业的资源禀赋。对内，通过各种管理措施修炼内功，"公司建立了以卓越绩效评价模式为主的绩效改进系统，通过每周高层办公会、每月经营分析会和管理会落实绩效改进措施"（F1A7）。公司在已经创建学习型组织基础上，及时对员工进行有计划的培训，实现学习和知识的共享，提升管理精细化水平，形成核心动态能力。"绩效改进过程的数据、信息和获得的知识通过信息平台在全公司共享"（S3）。对外，"建立了良好的供应链合作渠道，吸收异质性知识，用于创新和发展，并且关注重点顾客需求，确保产品在市场上的质量"（F1A3）。

在创业的完善阶段，"公司致力于成为国内技术产业的领航者，积极主动推动产业技术创新，促进行业发展"（F1A4）。坚持"技术领先"的发展道路，即探索者战略，"不断推进生态设计、绿色制造研究与应用，落实产品生命周期理念，矢志不渝地践行着'用尖端科技引领智能未来'的愿景"（F1A2），实施系统的战略管理，强化战略执行力，取得了快速、健康的发展。"主动适应外部环境变化，把握顺酐下游产品行业快速发展的机遇，扩产顺酐产能及销售业务，加快下游产品四氢、六氢、酯类装置的建设和升级改造进度，积极发挥企业优势，有效整合内外部资源，全力打造企业核心竞争力，以上市要求规范企业建设，实现公司做大做强的目标"（S1）。研发中心经理说，"公司提出 2017 年的核心目标，其中一项就是：通过供应链关系质量的维护和强化，加强与外部院所合作研究，选定并增加储备至少 2 个新产品/项目；专利申请方面要保 2 争 4。注重品牌发展，在原来多家基础上，构建一体化的文化体系，以便能够清晰地向供应链合作伙伴传递明确的价值取向"。

关于供应链关系，"我们公司积极构建和谐共赢的大协同体系"（F1A1），"公司与供应链重要成员企业已经结成"长期、稳定、共赢"的战略合作伙伴关系，强化沟通、全面合作，提升协同发展水平"（S2）。"公司高层除了每年走访战略供应商、战略顾客，进行双向交流外，还注重信任关系的长期构建，深化合作的深度和广度"（F1A3）。具体来讲，"在与供应商的关系方面，强化学习型组织的创建，构建和谐的供应商关系，降低产品成本"（F1A5）；"与高校合作方面，积极开展科研项目的选题和研究，加快新材料、新工艺、新技术应用，推进节能、环保、智能化产品的开发"（F1A1）。从客户关系上看，首先，"公司强力推行了大客户战略，并将大客户战略作为公司规模化、管理现代化和市场国际化的重要基础，这也是盛源公司发展的一个长期战略"（F1A3）。其次，"积极开拓海外市场，拓宽营销渠道，创新营销模式，与国外业务合作机构建立战略合作关系"（F1A3）。最后，"对客户提出的产品改进建议和市场销售策略，公司积极吸纳、分析、改进和提升"（F1A3）。"经过供应链关系的深度构建，公司形成了多个具有高度信任关系的战略合作伙伴，进而形成了情感式的供应链关系"（F2）。公司形成了稳定的客户，除产品内销外，出口到俄罗斯、印度、新加坡、印度尼西亚、土耳其等国家和地区。

此外，"公司通过与合作伙伴的深层次沟通，形成资源互补，并对外来异质性知识吸收、整合和重构，形成有利于企业成长和发展的企业知识资源"（F1A1），如 2018 年公司启动了"5 万吨/年顺酐装置节能技术升级改造项目"，这也是根据客户需求所进行的内部技术创新的改造。改造项目建成后，一方面，由于"采用了更先进的技术和能量梯级利用系统，大大延长了装置运行周期，和国内同行业装置全年平均运行周期 230 天相比，改造项目可实现运行周期长达 300 天以上"（F1A2）。另一方面，节能改造项目完成后，改造项目和现有装置可错开检修等，不仅能保证正常所需的蒸汽供应，还能弥补产量方面的不足，大大提高了生产能力和抗风险能力。本次改造项目充分合理地利用原有装置，在原有循环水池和水池做到合并公用的同时，还可以分开独立运行，互不干涉；空压制氮房和脱盐水房完全利用原有装置，无须增加其余设施；污水处理在原来基础上只增加好氧池，其余设施全部利用现有装置。经过技术改造后，资源得到了充分优化配置，做到节约资源的同时，实现了利润的最大化。

处于完善期的供应链关系质量和前两个阶段的特征具有明显差异。在这个阶段，供应链合作方明确或者含蓄地表示对维持长期关系的意愿，并且对于满意度和收益都维持在一个可以接受的层次。"因为随着交易关系中规范的不断完善，社会联系的不断升级，相互依赖程度不断加深"（F1A3），标志着关系逐渐成熟。此时，情感方面成为完善阶段供应链关系质量的主要特征（Cova & Salle，2000）。合作伙伴在这个阶段会变得更善解人意，并随着信任的建立，越来越有安全感。这种高度信任的表现形成强有力的、有弹性的情感关系，从而建立伙伴之间的双边团结，合作伙伴之间的承诺也变得更强和更易察觉。这种承诺使企业相互依存，甚至希望通过发展共同的专业经验进一步深化合作。随着合作的成功，继续为关系发展带来好处，双方都倾向于承诺更高水平的投入以增强彼此的吸引力，如将其服务整合到流程中并满足对方不断变化的需求（Schmitz et al.，2016）。

"2017 年至今，公司产品质量稳定，在业内有较好的口碑和市场知名度"（F1B1）。"2017 年，公司通过了国家高新技术企业的复审，新增专利26 项，其中发明专利 4 项，累计共获得专利 39 项，具有一定的技术创新能力，进一步稳固了在行业的竞争优势"（F1A4）。"公司始终坚持持续改进，精益求精，注重产品质量，取得了供应链合作伙伴的高度信任，市场绩效稳步增长，取得了卓越的经营绩效"（F1A9）。正如合作伙伴所说的，"作为央企，我们选择合作伙伴是非常谨慎的，我们与盛源科技选择走到一起，是因为我们看到了盛源科技的事业和未来发展的前景，以及以董事长为首的团队精神。我们这个选择是正确的，并且希望未来能有更大的合作发展。"在本阶段，公司与外部的供应链合作方建立了高度信任的战略伙伴关系，保障了企业的成长。

完善阶段企业供应链关系质量概念汇总如表6-6所示。

表6-6 完善阶段企业供应链关系质量概念汇总

形成基础	测量变量	关键词	数据呈现 （例句援引）	数据来源
驱动因素	环境动态性	环保压力 行业变动 需求增加	许多排放不达标的中小企业基本维持半开半停的状态，特别是山东、河北、河南、浙江等地受到的影响较为严重（S2） 顺酐行业由于环保压力，使整个行业的发展出现变动，许多企业在变动中谋求发展（F1A3） 国内树脂行业整体供应面有了较为稳步的增量（S6）	F1A1、F1A3、F1B3、F2、S2、S3、S6
	资源禀赋	管理模式 共享平台 合作渠道	公司建立了以卓越绩效评价模式为主的绩效改进系统，通过每周高层办公会、每月经营分析会和管理会落实绩效改进措施（F1A7） 绩效改进过程的数据、信息和获得的知识通过信息平台在全公司共享（S3） 建立了良好的供应链合作渠道，吸收异质性知识，用于创新和发展，并且关注重点顾客需求，确保产品在市场上的质量（F1A3）	F1A3、F1A6、F1A7、F1B2、F1F2、S1、S3
	战略选择	探索者战略	公司作为国内技术产业的领航者，积极主动推动产业技术创新，促进行业发展（F1A4） 不断推进生态设计、绿色制造研究与应用，落实产品生命周期理念，矢志不渝地践行着"用尖端科技引领智能未来"的愿景（F1A2）	F1A2、F1A4、F1A6、S1、S2、S4

形成基础	测量变量	关键词	数据呈现（例句援引）	数据来源
关系构建	情感型供应链关系质量	协同体系战略合作情感交流	公司积极构建"和谐共赢的大协同体系"（F1A1） 公司与供应链重要成员企业已经结成"长期、稳定、共赢"的战略合作伙伴关系，强化沟通、全面合作，提升协同发展水平（S2） 公司高层除了每年走访战略供应商、战略顾客，进行双向交流外，还注重信任关系的长期构建，深化合作的深度和广度（F1A3）	F1A1、F1A2 F1A3、F1A5、F1B1、F1B2、F2、S1、S2、S5、S6
企业成长	成长绩效	业界口碑技术升级卓越绩效	2017年至今，公司产品质量稳定，在业内有较好的口碑和市场知名度（F1B1） 2017年，公司通过了国家高新技术企业的复审，新增专利26项，其中发明专利4项，累计共获得专利39项，具有一定的技术创新能力，进一步稳固了在行业的竞争优势（F1A4） 公司始终坚持持续改进，精益求精，注重产品质量，取得了供应链合作伙伴的高度信任，市场绩效稳步增长，取得了卓越的经营绩效（F1A9）	F1A4、F1A6、F1A8、F1A9、F1B1、F1B3、F2、S3

6.4.3.2 完善阶段供应链关系质量对新创企业成长绩效影响的演化机制

"越来越多的企业进入该行业，导致行业竞争日趋激烈，客户标准不断升级。公司产品处于产业链中游，易受产业链上下游的挤压。但顺酐产品市场前景较好，发展潜力大"（S2）。"公司自主创新能力强，技术优势突出，处于行业领先地位，发展基础较好"（F1B1）。公司确立了"用尖端科技引领智能未来"的愿景，"科技创新，惠及社会"的使命、"瞬变中抓先机，奔跑中调姿势"的发展理念。在完善阶段，公司继续实施成长阶段所定的战略，稳定和优化现有产品生产规模及质量，探索上下游高附加值产品一体化发展，形成最优产品线布局；以IPO上市为契机，以管理和人员提升为保障，以自有技术为核心，充分利用资本的力量，先做强再做大，稳健发展，快速成长。

在战略思想的指导下，"公司与供应商、经销商以及其他合作伙伴等建立了良好的沟通机制，通过供应商大会、经销商大会、高层互访、企业调研、电子商务平台、电子邮件、信函、座谈会、专题会、行业协会、第三方调查等渠道形成全方位沟通机制，实现业务信息的有效沟通"（S3）。公司建立完善的顾客关系管理系统，制定了《大客户战略管理模式》等流程。针对公司国内外关键顾客群，全方位满足顾客需求，增强顾客满意度，建立战略合作关系。公司坚定不移地发展大客户战略，并把它当成盛源公司发展的一个长期战略。实施一把手工程，加大对大客户高层的走访，建立高层互通机制。公司定期进行客户分析，对重点顾客实施包括批量价格优惠、付款形式优惠在内的销售政策，形成了利益共同体。

在企业完善阶段，盛源公司所建立的供应链关系注重情感因素，供应商、客户及相关合作方结成了供应链战略合作伙伴，提升了企业整体竞争力，促进了企业的发展。公司产品顺酐市场占有率省内占据绝对优势，全国也具有一定的市场份额。研发能力、生产工艺和装备水平居业内领先地位。

值得注意和提醒的是，虽然在这个阶段，公司和供应链合作方都表示对维持长期关系的意愿以及结成了战略合作伙伴。但是，随着关系规范的加深，供应链合作伙伴将会发现自己处于锁定状态，可能出现各种形式的障碍，如买方退出壁垒和新的供应商进入壁垒，也会出现关系沉没成本等（Dwyer et al.，1987；Schmitz et al.，2017）。当这些关系规范过多，以至于促使处于成熟关系中的伙伴为彼此利益从事不必要的冒险时（Jap & Anderson，2007），成熟关系的黑暗面就出现了（Villena et al.，2011）。牢固的关系可能导致对彼此表现产生不切实际的期望、以牺牲对方的利益为代价而提出单方面的需求，以及忽略了外部其他的更具有吸引力的合作伙伴（Soda & Usai，1999）等，这些问题可能迅速演变成不公平、沮丧和怨恨的情绪，进而对彼此的吸引力产生分歧，甚至怀疑关系持续性的价值（Dwyer et al.，1987）。随着相互信任的减弱，又回到了以合同为中心的阶段，合同是保持任何脆弱商业关系的最实用的手段（Liu，2010）。因此，这个阶段要注意关系的过渡"亲密性"所带来的负面影响。

基于以上的逻辑分析，完善阶段盛源公司供应链关系质量影响成长绩效的动态演化如图6-5所示。

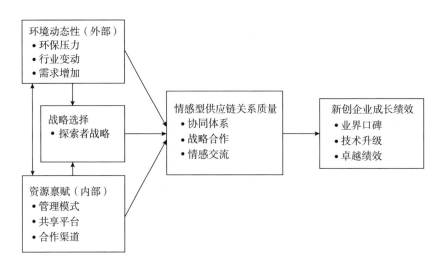

图6-5　完善阶段盛源能源公司供应链关系质量影响成长绩效的动态演化

　　总之，新创企业从初创到成熟的每个发展阶段，与外部的供应链关系质量也在动态发展变化，受到外部环境不确定性和内部资源禀赋的限制和影响，在战略指导下，应采用与每个阶段相匹配的适宜关系质量。其中，供应链关系质量的经济逻辑思路在新创企业初创阶段占主导地位，供应链关系质量认知方面在发展阶段受到重视，而完善阶段的供应链关系质量是情感因素综合作用的结果（Akrout，2014）。

6.5　研究结论与启示

6.5.1　理论模型

　　根据案例分析，供应链关系质量是依赖于企业成长阶段的，因此它的动态性是重要特征，这一结果与关系动力学的研究相吻合（Jap & Anderson，2007；Palmatier et al.，2013）。此外，从案例来看，供应链关系质量影响盛源公司成长绩效的过程也是动态变化过程，在每个阶段，影响两者关系的因素都在变化，两者的演化过程都具有阶段性特征。表6-7是供应链关系质量影响盛源公司成长的具体动态演化过程。

表6-7 供应链关系质量影响盛源能源公司成长的动态演化过程

阶段 ＼ 变量	外部环境不确定性	内部资源禀赋	战略选择	供应链关系质量	成长关键点
初创阶段	经济动荡 行业周期 市场机会	基础设施 智能生产 人力资源	防御者战略 分析者战略	交易型供应链关系质量	市场开拓 技术突破
成长阶段	行业压力 外协需求 动态影响	管控能力 人才引进 学习型组织	分析者战略 探索者战略	认知型供应链关系质量	突破性成长 创新资源 销售扩展
完善阶段	环保压力 行业变动 需求增加	管理模式 共享平台 合作渠道	探索者战略	情感型供应链关系质量	业界口碑 技术升级 卓越绩效

根据表6-7，供应链关系质量对新创企业成长绩效影响的动态演化路径如图6-6所示。

本章旨在了解新创企业中供应链关系质量如何动态发展，并探讨它们的驱动因素，以及供应链关系质量在每个关系阶段中的作用。更为重要的是，通过分析盛源公司供应链关系质量的动态变化，揭示供应链关系质量对成长绩效影响关系的演变机制，有利于对供应链关系质量动态演化过程的进一步理解，也为新创企业如何根据其成长阶段，构建适宜的供应链关系质量，并采用与之相匹配的关系管理方式，提供一定的经验参考与借鉴。具体来讲，新创企业供应链关系质量影响企业成长的动态过程及核心要点如下：

新创企业初创阶段：该阶段是新创企业从无到有的初建期，案例中外部环境的不确定性主要体现在经济动荡、行业周期和市场机会三个方面。此时企业的主要目标就是为了生存。企业内部资源禀赋主要体现在基础设

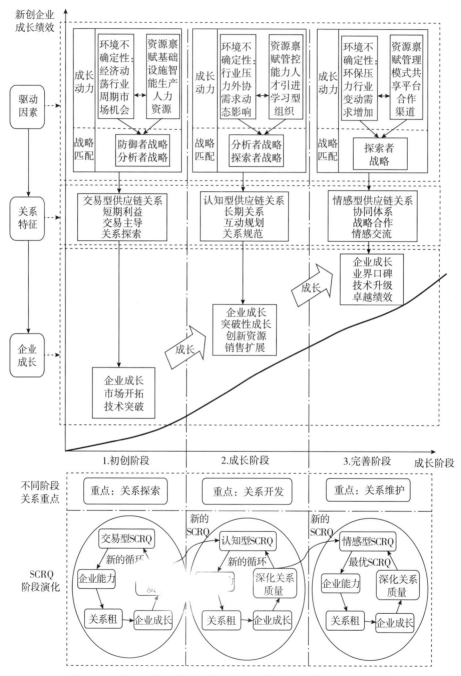

图6-6 供应链关系质量对新创企业成长绩效影响的动态演化

施、智能生产以及人力资源方面。在外部环境不确定性以及内部资源局限性条件下，企业在该阶段采取了防御者和分析者共存的战略。此时的供应链关系质量为交易型供应链关系质量，主要特点为注重短期利益、交易主导和关系探索，反映了供应链关系质量中的经济逻辑，即交易成本逻辑（Heide & Stump，1995；Crosno & Dahlstrom，2011）。在这一阶段，不确定性和信息不对称是交易的特点，增加了新创企业的交易成本。该阶段企业成长的关键点主要体现为市场开拓性以及技术突破性。

新创企业成长阶段：该阶段是新创企业的快速发展期，对企业的持续健康成长具有重要意义。案例中外部环境的不确定性主要体现在行业压力、外协需求和动态影响三个方面。此时企业的主要目标就是为了促进企业快速成长，提升企业的竞争能力。企业内部资源禀赋主要体现在管控能力、人才引进以及学习型组织方面。在外部环境不确定性以及内部资源禀赋的条件下，企业在该阶段采取了分析者和探索者共存的战略。此时的供应链关系质量为认知型供应链关系质量，主要特点可以概括为长期关系、互动规划、关系规范。该阶段关系质量的出现主要是认知评价的结果，反映了认知资产的形成（Nahapiet & Ghoshal，1998）。认知层面显示了合作伙伴之间信息交流的加速，这有助于解决冲突，并使关系得以继续运作。在这一阶段，信息沟通和相互认同往往会减轻交易成本并增加交易价值。因此，具有良好信息共享的合作方，增加了相互了解的机会（Akrout，2014）。随着行为可预测性的提高，就会产生关系租金。该阶段企业成长的关键点主要体现为突破性成长、创新资源的增强以及销售扩展。

新创企业完善阶段：该阶段是新创企业的相对成熟期，企业在经过快速成长期之后，具备了一定的竞争优势。外部环境不确定性也发生了改变，主要体现为环保压力、行业变动和需求改变。此时企业的主要目标就是为了继续保持竞争能力，并能在行业中起到一定的引领作用。企业内部资源禀赋主要体现在管理模式、共享平台以及合作渠道方面。在外部环境不确定性以及内部资源禀赋条件下，企业在该阶段采取了探索者战略。此时的供应链关系质量为情感型供应链关系质量，主要特点可以概括为协同体系、战略合作、情感交流。在这一阶段，随着情感纽带的加深，关系质量超越了基于认知的期望。共同的价值观是合作伙伴之间关系的催化剂，促进了对企业文化差异的相互理解。此外，在这个阶段，关系质量表现出强烈的时间依赖性，因为情感关系质量需要大量的时间，同时伴随着文化认同和情感投资。该阶段企业成长的关键点主要体现为业界口碑、技术升级以及卓越绩效。

模型理论意义：已有研究表明，供应链关系质量对客户与供应商合作的发展和维持具有积极影响，对企业成长具有明显促进作用（Skarmeas et al.，2008；Ural，2009）。供应链关系质量能给新创企业带来诸多好处，包括获得顾客的忠诚、密切的协作，提升运营规划、商务流程的可持续性等。但是，这些研究采用限制性和静态性的关系质量构建视角，很少提供关于其维度及其多种形式如何随时间变化的见解。本书探索性揭示了新创企业供应链关系质量的动态变化过程，在创新研究的同时，分析了供应链关系质量的内核发展及其影响因素，并揭示了供应链关系质量在每个发展阶段对于新创企业成长绩效的动态演化机制，弥补了以前研究很少考虑时间视角下供应链关系质量影响新创企业成长变化规律的缺憾。

总之，该理论框架通过对供应链关系质量的多阶段研究和考察，分析和探明了新创企业供应链关系质量随不同成长阶段的动态变化以及对新创企业成长绩效影响的演化机制，对新创企业的成长具有重要价值。

6.5.2 实践启示

本书结论对我国新创企业供应链关系质量的管理实践具有重要的启示意义。新创企业可以根据所处的发展阶段，与外部合作组织构建合适的供应链关系质量。在初创阶段，新创企业出现的初始问题可以通过建立信任、多轮次沟通等得到克服。在成长阶段，新创企业通过实施关系战略，为建立和加强与外部组织的合作关系奠定基础。随着业务关系的发展，供应链合作方可以超越技术和市场反应，最终目标是创造最先进、最稳定、有弹性、有感情的供应链关系质量，从而降低交易成本和维持合作关系的挑战，提高长期绩效，其实践启示如下：

第一，根据新创企业的不同成长阶段，建立动态供应链关系质量。对于处于中国转型经济情境下的新创企业而言，根据不同的成长阶段，在战略指导下，结合外部环境以及内部资源情况，有针对性地调整和优化供应链关系质量，以便从供应链关系中获取最大收益。例如，在创业初期，由于"新进入缺陷"，主要通过交易型供应链关系质量来获取企业成长所需资源；而在成长阶段，选择认知型供应链关系质量，加深彼此了解，获得更多行业知识和创业机会，以利于企业快速发展；在完善阶段，选择情感性供应链关系质量，在维持现有成长速度的同时，寻求与合作伙伴的多元化合作，特别是新产品开发的合作等，共同应对外界环境的不确定性，实现企业与供应链合作伙伴的共同成长。

第二，建立供应链关系质量评价机制。供应链关系质量对新创企业的成长具有重要意义，关系质量评估既有利于新创企业又有利于供应链合作伙伴。作为关系健康的衡量标准，应在合作伙伴之间设置关系里程碑，从而使关系的轨迹得以预测。它可以帮助管理者识别"突变"和每个阶段供应链关系质量的驱动因素。阐明不同关系质量成分、形式，揭示供应链关系质量的决定因素，从而使关系治理更加有效。因此，对关系状态的持续评估应该重视。如果供应链关系质量在互惠方面起到了相互作用，那么合作双方都应该得到反馈。建立固定的周期评价制度，如每周、每月、每季度，密切监测供应链关系中可能发生的事故，从而保证合作的顺利实施。在对供应链关系质量的评估中，可以通过为每个阶段指定项目来评估和改进供应链关系质量。例如，在初创阶段，感情投资是非常低的，诊断可能集中在交易方面。在成长阶段，将注意力集中在与可能失望和挫折有关的认知方面，找出潜在的冲突并发现潜在损害的警告信号是恰当的。由于合作伙伴关系越来越紧密，在完善阶段的评价应侧重与联系人有关的情感信息，因为深入了解情感是确保供应链关系质量的必要条件。因此，实时跟踪供应链关系质量的变化，确保新创企业与合作伙伴保持良好关系，并酌情采取纠正措施，以解决出现的问题，甚至提前预见问题。

第三，增强拓展供应链关系的技能。新创企业必须掌握供应链关系创建以及发展的技能，以维持良好的关系质量。企业要善于拓展外部供应链关系，形成有助于双方具有归属感的关系质量，减少不信任，促进匹配的价值观和期望。同时，与伙伴加强有效沟通，增强情感交流能力，创造有利于交流的氛围等，以便为每个成长阶段提供最大的好处。此外，要将每一段供应链关系作为一个小的"维护"阶段，这对供应链关系质量的维持和提升不无裨益。此外，与情感相关联的正面记忆通常是双方合作的最好记忆，也是强化供应链关系质量的积极措施，要确保其"关系历史"由积极情绪主导，以便符合双方关系利益。也就是说，本章研究通过揭示供应链关系质量在各个阶段的特点，以及影响新创企业成长的动态变化规律，以加强新创企业跨界关系的管理能力，确保企业持续成长。

6.5.3 研究局限与反思

本章采用典型的单案例研究方法，研究了新创企业供应链关系质量对成长绩效影响的动态演化机制，具有一定的理论意义和实践价值，但也存在一些局限性。首先，案例数据主要来源于访谈数据，虽然本书从多个方面收集数据，并从开始就采取了信度和效度的保障措施，符合案例分析的科学要求，但是毕竟受访人作为现实中的个体存在，具有一定的情感倾向，所采集的数据可能与真实情况存在部分差异，影响研究结论。未来研究可以从更加多元的渠道收集数据，如采集来源于多个竞争对手和相近行业方面的信息等。其次，本案例是一个新创企业的单案例研究，属于定性研究方法，在探索管理理论机制时，这种探索性案例研究方法具有重要价值，但是理论的可靠性仍需要通过定量研究进行不断检验，未来将通过大样本数据进行实证研究，以便不断改进和完善构建的理论模型。最后，探索了供应链关系质量动态影响新创企业成长绩效的内在机制，同时也分析了影响供应链关系质量的驱动因素，如环境不确定性、资源禀赋以及战略选择等，实际上还有其他变量会对两者关系产生影响，如新创企业领导团队风格、社会资本、创业导向等，未来可以对此展开系统研究。

6.6　本章小结

本章主要从动态演化视角来研究供应链关系质量对新创企业成长绩效的影响，因为任何一家快速成长的新创企业都会从初创阶段开始，逐渐过渡到快速成长阶段甚至相对完善阶段，这是一个持续的动态演化过程。在不同的发展时期，新创企业面临的外部环境和拥有的内部资源都具有明显差异性，因此对于新创企业成长的研究具有重要意义。基于此，本章借鉴企业生命周期理论以及能力周期理论，采用典型单案例探索性研究，追溯盛源公司的快速发展历程，并将其在不同成长阶段中的相关演化特征进行分析，探明了供应链关系质量影响新创企业成长绩效的演化机制。

7 结论与展望

7.1 研究结论

本书遵循"提出问题—分析问题—解决问题"的研究范式，运用文献梳理、案例分析、问卷调查等研究方法，并采用了 SPSS、AMOS、Bootstrap 等统计检验工具，逐层深入地解答了两个研究问题：第一，供应链关系质量如何影响新创企业成长绩效？其调节机制如何？第二，供应链关系质量如何动态影响新创企业成长绩效？其演化机制如何？通过对这两个问题的研究，将供应链关系质量影响新创企业成长绩效的基本机制和演化机制进行系统剖析，从而为新创企业的持续发展提供理论支持和实践指导。本书形成了以下主要研究结论，并取得了一定理论进展。

结论 1：供应链关系质量对新创企业创新性成长绩效呈倒 U 型影响关系，对新创企业市场性成长绩效呈正向作用关系，并且创新导向仅在供应链关系质量影响新创企业创新性成长绩效的过程中具有显著正向调节作用，而市场导向在供应链关系质量影响新创企业创新性成长绩效以及市场性成长绩效的过程中均具有显著正向调节作用。

结论 1 主要是研究一的成果，具体过程在第 4 章中进行了系统分析。

文中主要是基于价值实现过程，从创新和营销的视角，研究了供应链关系质量和新创企业成长绩效的关系，并就前者对后者影响关系的调节机制进行了详细分析。结论显示：供应链关系质量对新创企业创新性成长绩效整体上具有倒U型的影响，供应链关系质量对新创企业市场性成长绩效整体上具有正向影响；创新导向在供应链关系质量与创新性成长绩效的倒U型关系中起着正向调节作用，而创新导向在供应链关系质量与市场性成长绩效的关系中的调节作用没有通过显著性检验；对市场导向的调节作用进行检验后发现，市场导向在供应链关系质量与创新性成长绩效的倒U型关系中起着正向调节作用，同时市场导向在供应链关系质量与市场性成长绩效的关系中也起着正向调节作用。通过供应链关系质量对新创企业成长绩效影响作用的假设及验证，进一步厘清了新创企业供应链关系质量的作用机制，而通过论证战略导向（创新导向与市场导向）的调节效应，有效地融合了运营管理与战略管理理论，为新创企业如何构建适宜的供应链关系质量来促进自身的成长提供了具有重要意义的应用情境。

结论2：环境不确定性、资源禀赋和战略选择对新创企业供应链关系质量和成长绩效之间的作用关系存在动态影响，新创企业可以根据所处的发展阶段，与外部合作组织构建适宜的供应链关系质量。

结论2主要是研究二的研究成果，主要体现在第5章的分析中。研究发现，环境不确定性、资源禀赋和战略选择对新创企业供应链关系质量和成长绩效之间的作用关系存在动态影响。从企业成长周期看，处于初期创建阶段的新创企业，由于缺乏资源、合法性与声誉，即使有盈利预期也难以与外部组织建立互信关系。所以在初创阶段建立适宜的供应链关系质量对企业生存非常关键，而通过供应链关系获取的要素资源、合作平台和分销渠道是确保企业生存的根本（Akrout，2014；龙静，2016）。在新创企业成长阶段，与外部组织合作中出现的问题，可以通过与之建立相互信任、顺畅沟通、彼此承诺的供应链关系质量得到解决（彭伟和符正平，2013；龙静，2016；梁强等，2016）。在完善阶段，新创企业可以通过实施适当的战略，为建立真正的供应链关系质量和加强与外部组织的合作关系奠定基础。随着业务关系的发展，供应链合作方可以超越技术和市场局限，最终目标是创造最先进、最稳定、有弹性、有感情的关系质量，从而降低交易成本，提高长期绩效（Akrout，2014；林嵩和姜彦福，2009；彭伟和符正平，2013；彭学兵等，2017）。总之，新创企业供应链关系质量是由企业成长阶段决定，本书通过分析新创企业供应链关系质量的动态演化本质，提出应根据每个成长阶段所处环境、资源禀赋以及战略选择从而匹配适应的供应链关系质量，以便有助于与外部合作伙伴建立更健康、更具持续性的供应链合作关系，提升企业成长绩效。

7.2 理论贡献

本书以新创企业为研究对象，综合运用供应链关系质量理论、知识重构理论、营销整合理论、战略导向（创新导向和市场导向）理论以及企业生命周期理论，探索性地对供应链关系质量与企业成长绩效的作用机制进行研究，是对新创企业成长研究的拓展与深化，具有一定的理论探索性。本书的理论贡献主要体现在以下两个方面：

理论贡献1：厘清了供应链关系质量影响新创企业成长绩效的作用关系以及调节机制，即供应链关系质量对创新性成长绩效的倒U型关系、对市场性成长绩效的正向作用关系以及创新导向和市场导向在供应链关系质量影响新创企业成长绩效中的调节作用。

供应链关系理论体现的是一种共同价值或共同利益的实现机制，新创企业的关系租金来自合作伙伴之间的互惠性合作，可以用来很好地解释关系优势所能带来的成长绩效（叶飞和徐学军，2009；Nyaga & Whipple，2011；王辉等，2012；Tan & Ndubisi，2014；Odongo et al.，2016；曹永辉，2016）。对企业而言，赢得市场竞争的关键在于为顾客创造和传递优异价值。创新直接决定企业是否可以创造出独特的顾客价值,营销则主要决定了是否可以将这种价值有效地传递给顾客(Chandy & Tellis,2000;Drucker,2012;吴晓云和张峰,2014)。基于此,对于供应链关系质量与新创企业成长绩效的影响机制主要从创新和营销的视角展开。研究厘清了供应链关系质量影响新创企业成长绩效的作用关系,即供应链关系质量对新创企业创新性成长绩效呈倒 U 型关系,对新创企业市场性成长绩效呈正向作用关系。也就是说,新创企业在合作创新过程中,如果与外部组织保持过高或过低的关系,会抑制企业的创新水平,即创新绩效会在某个拐点之后下降(Uzzi,1997;Anderson & Jap,2005;Villena et al.,2011;杨建君等,2014)。基于有限的资源和能力,新创企业需要集中资源有针对性地选择适宜的供应链关系质量,从而使得其创新性成长绩效能够获得一个较高的水平(Soda & Usai,1999;许婷等,2017)。而如果新创企业聚焦于市场绩效,研究结论表明高质量的供应链关系能够积极影响市场性成长绩效(Chang et al.,2012;Pham et al.,2017;Ju et al.,2018)。彻底厘清了部分学者片面认为供应链关系质量对企业成长绩效的单纯倒 U 型或者单纯正相关的分歧性结论,推动了新创企业供应链关系理论的发展。此外,创新导向以及市场导向在供应链关系质量和成长绩效之间的调节作用机制,为新创企业采取合适的战略导向也提供了借鉴,具有重要的理论意义。

理论贡献 2:探明了供应链关系质量影响新创企业成长绩效的演化机制,即基于动态演化视角,结合环境不确定性、资源禀赋及战略匹配等理论,分析了新创企业从初创阶段到完善阶段的供应链关系质量的演化及对新创企业成长绩效的作用影响,从而分阶段提出促进新创企业的成长策略,为其他新创企业的持续成长提供了理论指导。

理论贡献 2 是对新创企业供应链关系质量构成要素的多阶段概念化的研究,并探明了供应链关系质量对新创企业成长绩效影响的动态演化机制。本书借鉴企业生命周期理论,根据新创企业发展过程中所处的每个不同阶段,分析影响供应链关系质量变化的因素和规律,探究新创企业供应链质量关系影响成长绩效的动态演化机制，使得新创企业能够根据自身发展阶段的动态变化构建适宜的供应链关系质量，从而促进持续成长。虽然已有研究表明，供应链关系质量能给新创企业带来诸多好处，包括获得顾客的忠诚、密切的协作，提升运营规划、商务流程的可持续性等（Tan & Ndubisi，2014；徐可等，2015；杨洁辉等，2016；Gu et al.，2017）。但是，这些研究采用限制性和静态性关系质量构建的视角，很少提供关于其维度及其多种形式如何随时间变化的见解（Skarmeas et al.，2008；Ural，2009；Akrout，2014；Su et al.，2017）。本书则探索性揭示了新创企业供应链关系质量的动态变化规律，深入细致地分析了供应链关系质量的内核发展及其影响因素，并揭示了供应链关系质量在每个发展阶段对于新创企业成长绩效的动态演化机制，弥补了以前研究很少考虑动态视角下供应链关系质量影响新创企业成长变化规律的缺憾。

7.3　实践价值

企业管理研究既要立足于推动理论发展，又要服务于现实企业。本书以新创企业为研究对象，以供应链关系质量发展为实践背景，深入探讨了供应链关系质量对新创企业成长绩效的内在影响机理，从而更好地为我国新创企业能够根据外界环境和自身资源情况，并与供应链上下游企业之间建立与维持适宜水平的供应链关系质量来促进企业成长绩效提供参考。

7.3.1　保持适度的供应链关系质量来提升新创企业的创新性成长绩效

本书研究结论表明了供应链关系质量对于新创企业创新性成长绩效的倒 U 型影响，即新创企业成长过程中，过高或者过低的供应链关系质量对于企业创新性成长绩效均存在不利影响。在实践中，通过供应链关系获得的异质性知识已经成为新创企业进行技术创新的主要外部资源，但是很多新创企业在向合作伙伴学习和积累知识的过程中，往往无所适从，影响了知识获取的有效性和技术创新（Choi & Krause，2006）。因此，对于采用技术创新作为主要成长动力的企业，应当与合作伙伴保持适度的供应链关系质量，提升知识重构能力，最大限度地提升其创新性成长绩效（Hitt et al.，2000；Breschi et al.，2003；Hult et al.，2006；Villena et al.，2011；Kraaijenbrink，2012；Cheng & Fu，2013；许婷等，2017）。

首先，根据所处行业特征，选择适当的供应链关系质量，谨慎地将企业供应链关系的外部活动控制在一定的范围内，使新创企业能够和合作伙伴保持对知识共享和转移的意愿（Patel & Fiet，2011；许婷等，2017）。同时，要注意在企业与外部合作的过程中合理配置知识资源，做到"内外兼修、融会贯通"，避免过于追求高质量的供应链关系造成的无效浪费，防止不适当的关系对创新过程产生的抑制作用（Villena et al.，2011）。现实中，可以通过多次创新合作形成最佳关系模式，并进行经验总结和有意识的关系设置，使新创企业保持创新活力，形成可持续性创新能力（裴小兵、刘芳，2014）。

其次，知识重构不同于一般的知识共享，更强调知识的再次创新，在适度的供应链关系质量构建中，应当以知识重构效果作为关系高或者低的判断依据，不能为了关系而关系，也不能为了"关系适度"而无所适从（Soda & Usai，1999；Anderson & Jap，2005；戴万亮等，2012）。新创企业应当根据与供应链伙伴合作时间的长短、合作的密切程度等，分别采用适宜的关系策略，尽量保持每个关系维度上的质量最佳来提升知识重构能力，这就需要新创企业主动学习和培育关系管理能力，形成独特的关系合作模式，克服过高的外部关系导向对新创企业创新绩效的抑制效应，又使新创企业能够获得创新过程中必须具备的异质性知识和资源，解决企业创新发展时对创造性和应用性无法兼顾的两难问题（Villena et al.，2011；胡望斌等，2014）。

最后，适度的供应链关系强调"内在质量"，因为企业技术创新所需要获取的外部知识是以异质性的新颖知识为主，企业间较高程度的关系质量能够赋予企业更多接触新知识的机会，但是投入的精力和财力将会成比例增加，而所获取的新知识却会出现递减现象。因此新创企业应当注意供应链关系的"内在质量"，积极构建与维持高效的合作关系，而不是只追求关系的"数量拓展"，最大程度提高知识转移意愿，提升创新水平（Kühne et al.，2013；李雪灵和申佳，2017）。

7.3.2 构建稳定的供应链关系质量以促进新创企业的市场性成长绩效

由于新创企业的"新进入缺陷"，通过自身来开发资源存在一定局限，也不能有效满足市场变化需求（Patel et al.，2011；Söderblom et al.，2015）。随着市场动态变化，竞争程度会日趋激烈，单凭组织的一己之力来应对市场的差异化甚至个性化需求，困难重重（Jiao et al.，2013；Zaremba et al.，2016）。因此，新创企业需要致力于供应链关系质量的培育与维护，在合作伙伴的互帮互助下，最大限度挖掘有价值的营销资源并有效进行整合，实现市场性成长绩效的不断提升（Muthusamy et al.，2007；Chang et al.，2012）。因此，对于追求市场绩效的新创企业而言，需要做好以下的管理工作：

首先，通过建立高质量的供应链关系，来获取更大范围或更广泛区域的市场资源，并促进市场信息的高效传递（Pham et al.，2017）。高质量的供应链关系有助于企业进行跨界活动，帮助企业增加市场知识交流的深度和广度，从而有利于营销整合能力和市场绩效的提升（Chang et al.，2012）。同时，高质量供应链关系给企业带来的市场绩效，能够更加激发新创企业将时间和精力投入到关系维护和发展中，并通过与供应链合作伙伴的高效沟通，及时准确地获取市场信息，从而有助于企业提高产品质量和服务质量，减少顾客响应时间，提升顾客满意度和忠诚度（Mohr & Spekman，1994；Carr & Pearson，1999；Chang et al.，2012）。新创企业在合作共赢的激励下，通过关系承诺将会留住具有特殊价值的战略合作伙伴，进而促进密切关系，实现市场绩效的提升（Krause et al.，2007；Tan & Ndubisi，2014）。

其次，新创企业应当通过建立高质量的供应链关系来降低市场监控成本和交易成本。市场的激烈竞争给新创企业的商业活动带来一定的冲击。由于"新进入障碍"，导致新创企业在商业合作中需要投入更多的资源来开发和维护供应链关系，才能形成有利于企业成长的"关系环境"（Kim et al.，2011；Kühne et al.，2013；Sariola & Martinsuo，2016）。因此，新创企业应当有意识地通过高质量关系来降低商业交易成本和监控成本，用以抵消关系开发和维护所投入的费用，使供应链关系质量体现出有价值的累积效应（Noordewier，1990；Paulraj et al.，2008）。

最后，从市场适应性角度而言，高质量的供应链关系能够降低或消除市场动荡带来的交易复杂性，使企业能够快速调整并适应市场变化（Bianchi & Saleh，2011）。新创企业应当注重与供应链合作伙伴的组织文化认同以及情感联系，构建能够协同合作的市场反应式战略关系，为应对市场不确定性创造良好的工作氛围，促进组织学习，形成共同行动的合作机制，积极应对市场出现的各种突发问题，并最终提高市场绩效和顾客满意（Knobloch & Solomon，2002；Prahinski & Benton，2004；Joshi，2009；Schreiner et al.，2009）。

7.3.3 动态调整供应链关系质量来保障新创企业的稳定成长和持续竞争能力

本书研究结论对我国新创企业的成长具有积极的指导作用，供应链关系质量所起到的关键作用再次得到验证，并厘清了企业成长周期内的动态演化规律。因此，新创企业可以根据自身所处发展阶段，与外部合作组织构建适宜的供应链关系质量，并洞察外界环境变化，积累企业优势资源，提升对不确定性情况的响应能力，从而做好战略应对措施，以便能够及时调整和优化供应链关系质量，获得最大关系租金（Akrout，2014；Su et al.，2017；彭伟和符正平，2013；龙静，2016）。例如，在创业初期，建立交易型的供应链关系质量，聚焦于获得企业生存所需的资源，保障企业能够突破限制而生存；在快速成长阶段，选择认知型供应链关系质量，能够加深彼此了解，建立信任关系，获取更多异质性知识，提升信息利用效率，以利于企业快速发展；在完善阶段，选择情感型供应链关系质量，在维持现有成长速度的同时，寻求与合作伙伴的多元化合作，共同应对外界环境的不确定性，提升企业竞争能力，实现企业持续成长（Akrout，2014；彭新敏等，2011）。

7.3.4 增强企业拓展关系的技能，建立供应链关系质量评价机制

新创企业必须掌握认知和非认知的关系创建以及发展技能，以维持良好的关系质量（Kim et al.，2011；Akrout，2014）。新创企业应该获得和发展各种技能，以便提高在跨界交流中的关系管理能力。要善于拓展外部供应链关系，特别是从属关系等，从属关系有助于形成归属感，减少不信任，同时也促进所匹配的价值观和期望（Nyaga & Whipple，2011；曹永辉，2016）。与伙伴加强有效沟通，创造有利于交流的气氛等；增强情感交流能力，如开放思想和跨文化态度，以便为关系维护提供最大可能（Zhao et al.，2011；Nyaga et al.，2013；Akrout，2014；徐可等，2016）。此外，与情感相关联的正面记忆通常是双方合作的最好记忆，也是强化供应链关系质量的积极措施，要确保其"关系历史"由积极情绪主导，以便符合双方关系利益（潘文安和张红，2006；李全喜和孙磐石，2012；Akrout，2014）。因此，新创企业要能够掌握关系技能，了解所构建的供应链关系质量的特点，以加强跨界关系的管理能力，确保新创企业持续成长。

此外，在新创企业成长过程中，对于供应链关系质量的适当评估不可或缺。供应链关系质量评估既有利于本企业又有利于合作伙伴，作为关系健康的衡量标准，在合作伙伴之间设置关系里程碑，从而使关系的轨迹得以预测（Autry & Griffis，2008；杨洪涛等，2011；周茵等，2016）。它可

以帮助管理者识别"突变"和每个阶段供应链关系质量的驱动因素。阐明不同供应链关系质量形式，揭示供应链关系质量的决定因素，从而使关系治理更加有效。因此，对供应链关系质量状态的持续评估应该得到重视（张旭梅和陈伟，2011；Akrout，2014）。如果供应链关系质量在互惠方面起到了相互作用，那么合作双方都应该得到反馈。建立固定的周期评价制度，比如每周、每月、每季度，密切监测供应链关系中可能发生的事故，从而保证合作的顺利实施。在对供应链关系质量的评估中，可以通过为每个阶段指定项目来评估和改进供应链关系质量（Cao & Zhang，2011；许德惠等，2012；Akrout，2014；周茵等，2016）。例如，在初创阶段，感情投资是非常低的，诊断可能集中在交易方面。在成长阶段，将注意力集中在与可能的失望和挫折有关的认知方面，找出潜在的冲突并发现潜在损害的警告信号是恰当的。由于合作伙伴关系越来越紧密，在完善阶段的评价应侧重与合作组织联系人有关的情感信息，因为深入了解情感是确保供应链关系质量的必要条件。因此，实时跟踪有助于与合作伙伴进行有效的关系管理，确保公司与合作伙伴保持良好的关系，并酌情采取纠正措施，以解决任何供应链关系质量中的问题，确保企业能够获得最大关系租金。

7.4 研究局限和未来展望

本书遵循规范的企业管理研究范式，对供应链关系质量和新创企业成长绩效的关系进行了系统分析，深入挖掘了它们之间存在的内在机理，取得了一定的成效，但由于是探索性的研究及新创企业供应链关系质量问题的复杂性，加之个人能力有限，难免存在不足之处。

第一，样本数据局限性与未来展望。本书研究采用横截面数据，笔者花费了大量时间，并通过各种途径进行数据采集，调研中兼顾不同性质、行业、成立年限、规模以及地区等科技型新创企业，并有意将调研过程分为多个阶段，基本满足研究取样要求，但是横截面数据对研究结果的概化能力会有一定影响。未来研究可以采用纵截面数据进行验证，将自变量、中介变量以及结果变量进行长时间观察，来分析供应链关系质量对新创企业成长绩效的影响，从而更为细致地分析两者之间的关系。

第二，情境影响局限性与未来展望。本书在供应链关系质量影响新创企业成长绩效过程中，虽然得出一些有价值的研究结论，从而厘清了对供应链关系质量基本作用的理解。但是，供应链关系质量与新创企业成长绩效的关系可能会受到其他潜在调节变量的影响，如创业导向、管理特征、领导风格等，因此，未来研究仍需探索可能影响供应链关系质量与新创企业成长绩效之间关系的调节变量。

总之，本书主要研究了供应链关系质量对新创企业成长绩效的影响路径，并探索其调节作用机制以及动态演化机制，具有积极的理论价值和现实意义，尤其是在大力倡导创新创业的今天，深入考察供应链关系质量影响新创企业成长的内在作用关系，不仅可以廓清现有文献研究的分歧，为供应链关系质量理论提供新的研究视角，也可以为本土新创企业健康成长提供借鉴和参考。

参考文献

［1］Abosag, I. , Yen, D. A. , & Barnes, B. R. What is dark about the dark – side of business relationships ［J］. Industrial Marketing Management, 2016（55）：5-9.

［2］Aiken, L. S. , West, S. G. , & Reno, R. R. Multiple regression: Testing and interpreting interactions ［M］. Sage, 1991：120-221.

［3］Akman, G. , & Yilmaz, C. Innovative capability, innovation strategy and market orientation: An empirical analysis in Turkish software industry ［J］. International Journal of Innovation Management, 2008, 12（1）：69-111.

［4］Akrout, H. Relationship quality in cross-border exchanges: A temporal perspective ［J］. Journal of Business – to – Business Marketing, 2014, 21（3）：145-169.

［5］Aldrich, H. E. , & Martinez, M. A. Many are called, but few are chosen: An evolutionary perspective for the study of entrepreneurship ［J］. Entrepreneurship Theory and Practice, 2001, 25（4）：41-56.

［6］Aldrich, H. Organizations evolving ［M］. Sage, 1999：1-36.

［7］Amason, A. C. , Shrader, R. C. , & Tompson, G. H. Newness and novelty: Relating top management team composition to new venture performance ［J］. Journal of Business Venturing, 2006, 21（1）：125-148.

［8］Anderson, E. , & Jap, S. D. The dark side of close relationships ［J］. MIT Sloan Management Review, 2005, 46（3）：75.

［9］ Anderson, E., & Weitz, B. The use of pledges to build and sustain commitment in distribution channels ［J］. Journal of Marketing Research, 1992, 29 (1): 18-34.

［10］ Anderson, J. C., & Narus, J A. A model of distributor firm and manufacturer firm working partnerships ［J］. The Journal of Marketing, 1990, 54 (1): 42-58.

［11］ Athanasopoulou, P. Relationship quality: A critical literature review and research agenda ［J］. European Journal of Marketing, 2009, 43 (5/6): 583-610.

［12］ Augusto, M., & Coelho, F. Market orientation and new-to-the-world products: Exploring the moderating effects of innovativeness, competitive strength, and environmental forces ［J］. Industrial Marketing Management, 2009, 38 (1): 94-108.

［13］ Autry, C. W., & Griffis, S. E. Supply chain capital: The impact of structural and relational linkages on firm execution and innovation ［J］. Journal of Business Logistics, 2008, 29 (1): 157-173.

［14］ Autry, C. W., Skinner, L. R., & Lamb, C. W. Interorganizational citizenship behaviors: An empirical study ［J］. Journal of Business Logistics, 2008, 29 (2): 53-74.

［15］ Baker, W. E., & Sinkula, J. M. Does market orientation facilitate balanced innovation programs? An organizational learning perspective ［J］. Journal of Product Innovation Management, 2007, 24 (4): 316-334.

［16］ Bantel, K. A. Technology-based, "adolescent" firm configurations: Strategy identification, context, and performance ［J］. Journal of Business Venturing, 1998, 13 (3): 205-230.

［17］ Barney, J. Firm resources and sustained competitive advantage ［J］. Journal of Management, 1991, 17 (1): 99-120.

［18］ Berthon, P., Hulbert, J. M., & Pitt, L. F. To serve or create?

Strategic orientations toward customers and innovation [J]. California Management Review, 1999, 42 (1): 37-58.

[19] Bianchi, C. C., & Saleh, M. A. Antecedents of importer relationship performance in Latin America [J]. Journal of Business Research, 2011, 64 (3): 258-265.

[20] Birley, S. The role of networks in the entrepreneurial process [J]. Journal of Business Venturing, 1985, 1 (1): 107-117.

[21] Breschi, S., Lissoni, F., & Malerba, F. Knowledge-relatedness in firm technological diversification [J]. Research Policy, 2003, 32 (1): 69-87.

[22] Coase R. H. The nature of the firm (1937) [J]. Willianson, OE; Winter, SG, 1993.

[23] Cable, D. M., & Edwards, J. R. Complementary and supplementary fit: A theoretical and empirical integration [J]. Journal of Applied Psychology, 2004, 89 (5): 822.

[24] Cao, M., & Zhang, Q. Supply chain collaboration: Impact on collaborative advantage and firm performance [J]. Journal of Operations Management, 2011, 29 (3): 163-180.

[25] Carey, S., Lawson, B., & Krause, D. R. Social capital configuration, legal bonds and performance in buyer-supplier relationships [J]. Journal of Operations Management, 2011, 29 (4): 277-288.

[26] Carr, A. S., & Pearson, J. N. Strategically managed buyer-supplier relationships and performance outcomes [J]. Journal of Operations Management, 1999, 17 (5): 497-519.

[27] Cassivi, L. Collaboration planning in a supply chain [J]. Supply Chain Management: An International Journal, 2006, 11 (3): 249-258.

[28] Chaganti, R., Chaganti, R., & Mahajan, V. Profitable small business strategies under different types of competition [J]. Entrepreneurship

Theory and Practice, 1989, 13 (3): 21-36.

[29] Chandler, A. D. Organizational capabilities and the economic history of the industrial enterprise [J]. Journal of Economic Perspectives, 1992, 6 (3): 79-100.

[30] Chandy, R. K., & Tellis, G. J. The incumbent's curse? Incumbency, size, and radical product innovation [J]. Journal of Marketing, 2000, 64 (3): 1-17.

[31] Chang, H. H., Lee, C. H., & Lai, C. Y. E-Service quality and relationship quality on dealer satisfaction: Channel power as a moderator [J]. Total Quality Management & Business Excellence, 2012, 23 (7-8): 855-873.

[32] Chang, M. L., Cheng, C. F., & Wu, W. Y. How buyer – seller relationship quality influences adaptation and innovation by foreign MNCs' subsidiaries [J]. Industrial Marketing Management, 2012, 41 (7): 1047-1057.

[33] Cheng, J. H., & Fu, Y. C. Inter – organizational relationships and knowledge sharing through the relationship and institutional orientations in supply chains [J]. International Journal of Information Management, 2013, 33 (3): 473-484.

[34] Choi, T. Y., & Krause, D. R. The supply base and its complexity: Implications for transaction costs, risks, responsiveness, and innovation [J]. Journal of Operations Management, 2006, 24 (5): 637-652.

[35] Christensen, C. M., & Bower, J. L. Customer power, strategic investment, and the failure of leading firms [J]. Strategic Management Journal, 1996, 17 (3): 197-218.

[36] Christopher, M., & Towill, D. R. Supply chain migration from lean and functional to agile and customised [J]. Supply Chain Management: An International Journal, 2000, 5 (4): 206-213.

[37] Chu, Z., & Wang, Q. Drivers of relationship quality in logistics outsourcing in China [J]. Journal of Supply Chain Management, 2012, 48

（3）：78-96.

［38］Claassen, M. J. T. , Van, W. A. J. , & Van, E. M. Performance outcomes and success factors of Vendor Managed Inventory（VMI）［J］. Supply Chain Management：An International Journal, 2008, 13（6）：406-414.

［39］Claycomb, C. , & Frankwick, G. L. A contingency perspective of communication, conflict resolution and buyer search effort in buyer-supplier relationships［J］. Journal of Supply Chain Management, 2004, 40（4）：18-34.

［40］Coase, R. H. The nature of the firm［J］. Economic, 1937, 4（16）：386-405.

［41］Collinson, S. , & Wilson, D. C. Inertia in Japanese organizations：Knowledge management routines and failure to innovate［J］. Organization Studies, 2006, 27（9）：1359-1387.

［42］Cook, K. S. , & Emerson, R. M. Exchange networks and the analysis of complex organizations［J］. Research in the Sociology of Organizations, 1984, 3（4）：1-30.

［43］Cousins, P. D. , & Lawson, B. , & Squire, B. Supply chain management：Theory and practice-the emergence of an academic discipline［J］. International Journal of Operations & Production Management, 2006, 26（7）：697-702.

［44］Cousins, P. D. , & Menguc, B. The implications of socialization and integration in supply chain management［J］. Journal of Operations Management, 2006, 24（5）：604-620.

［45］Covin, J. G. , & Slevin, D. P. Strategic management of small firms in hostile and benign environments［J］. Strategic Management Journal, 1989, 10（1）：75-87.

［46］Crosby, L. A. , Evans, K. R. , & Cowles, D. Relationship quality in services selling：An interpersonal influence perspective［J］. The Journal of Marketing, 1990, 54（3）：68-81.

［47］ Crosno, J. L. , & Dahlstrom, R. Fairness heuristics and the funda-mental transformation in interorganizational relationships ［J］. Journal of Busi-ness-to-Business Marketing, 2011, 18（4）: 313-334.

［48］ Damanpour, F. Organizational innovation: A meta-analysis of effects of determinants and moderators ［J］. Academy of Management Journal, 1991, 34（3）: 555-590.

［49］ Dant, R. P. , & Schul, P. L. Conflict resolution processes in con-tractual channels of distribution ［J］. The Journal of Marketing, 1992, 56（1）: 38-54.

［50］ Das, T. K. , & Teng, B. S. Between trust and control: Developing confidence in partner cooperation in alliances ［J］. Academy of Management Re-view, 1998, 23（3）: 491-512.

［51］ Das, T. K. , & Teng, B. S. Resource and risk management in the strategic alliance making process ［J］. Journal of Management, 1998, 24（1）: 21-42.

［52］ Day, G. S. Closing the marketing capabilities gap ［J］. Journal of Marketing, 2011, 75（4）: 183-195.

［53］ Day, G. S. The capabilities of market-driven organizations ［J］. The Journal of Marketing, 1994, 58（4）: 37-52.

［54］ Delmar, F. , Davidsson, P. , & Gartner, W. B. Arriving at the high - growth firm ［J］. Journal of Business Venturing, 2003, 18（2）: 189-216.

［55］ Deutscher, F. , Zapkau, F. B. , Schwens, C. , et al. Strategic orientations and performance: A configurational perspective ［J］. Journal of Busi-ness Research, 2016, 69（2）: 849-861.

［56］ Dittrich, K. , & Duysters, G. Networking as a means to strategy change: The case of open innovation in mobile telephony ［J］. Journal of Product Innovation Management, 2007, 24（6）: 510-521.

［57］ Doney, P. M. , & Cannon, J. P. An examination of the nature of trust in buyer-seller relationships ［J］. The Journal of Marketing, 1997, 61 (2): 35-51.

［58］ Dorsch, M. J. , Swanson, S. R. , & Kelley, S. W. The role of relationship quality in the stratification of vendors as perceived by customers ［J］. Journal of the Academy of Marketing Science, 1998, 26 (2): 128.

［59］ Drucker, P. The practice of management ［M］. London: Routledge, 2012: 34-59.

［60］ Dwyer, F. R. , Schurr, P. H. , & Oh, S. Developing buyer-seller relationships ［J］. The Journal of Marketing, 1987, 51 (2): 11-27.

［61］ Eisenhardt, K. M. Building theories from case study research ［J］. Academy of Management Review, 1989, 14 (4): 532-550.

［62］ Eisenhardt, K. M. , & Graebner, M. E. Theory building from cases: Opportunities and challenges ［J］. The Academy of Management Journal, 2007, 50 (1): 25-32.

［63］ Eisenhardt, K. M. , & Martin, J. A. Dynamic capabilities: What are they? ［J］. Strategic Management Journal, 2000, 21 (10-11): 1105-1121.

［64］ Elfring, T. , & Hulsink, W. Networks in entrepreneurship: The case of high-technology firms ［J］. Small Business Economics, 2003, 21 (4): 409-422.

［65］ Ford, D. The development of buyer-seller relationships in industrial markets ［J］. European Journal of Marketing, 1980, 14 (5/6): 339-353.

［66］ Frazier, G. L. , & Summers, J. O. Interfirm influence strategies and their application within distribution channels ［J］. The Journal of Marketing, 1984, 48 (3): 43-55.

［67］ Fynes, B. , De Búrca, S. , & Marshall, D. Environmental uncertainty, supply chain relationship quality and performance ［J］. Journal of Purchasing and Supply Management, 2004, 10 (4-5): 179-190.

［68］Fynes, B., de Búrca, S., & Voss, C. Supply chain relationship quality, the competitive environment and performance ［J］. International Journal of Production Research, 2005, 43（16）: 3303-3320.

［69］Fynes, B., Voss, C., & de Búrca, S. The impact of supply chain relationship quality on quality performance ［J］. International Journal of Production Economics, 2005, 96（3）: 339-354.

［70］Gardner J. W. Agenda for the colleges and universities: Higher education in the innovative society ［J］. The Journal of Higher Education, 1965, 36（7）: 359-365.

［71］Grossman S. J., Hart O. D. The costs and benefits of ownership: A theory of vertical and lateral integration ［J］. Journal of Political Economy, 1986, 94（4）: 691-719.

［72］Galbraith, C. S., & Stiles, C. H. Firm profitability and relative firm power ［J］. Strategic Management Journal, 1983, 4（3）: 237-249.

［73］Ganesan, S. Determinants of long-term orientation in buyer-seller relationships ［J］. The Journal of Marketing, 1994（1）: 1-19.

［74］Gatignon, H., & Xuereb, J. M. Strategic orientation of the firm and new product performance ［J］. Journal of Marketing Research, 1997, 34（1）: 77-90.

［75］Gedajlovic, E., Honig, B., Moore, C. B., et al. Social capital and entrepreneurship: A schema and research agenda ［J］. Entrepreneurship Theory and Practice, 2013, 37（3）: 455-478.

［76］Goodman, L. E., & Dion, P. A. The determinants of commitment in the distributor-manufacturer relationship ［J］. Industrial Marketing Management, 2001, 30（3）: 287-300.

［77］Gosman, M. L., & Kohlbeck, M. J. Effects of the existence and identity of major customers on supplier profitability: Is Wal-Mart different ［J］. Journal of Management Accounting Research, 2009, 21（1）: 179-201.

［78］Granovetter, M. The strength of weak ties: A network theory revisited ［J］. Sociological Theory, 1983 (1): 201-233.

［79］Grant, R. M. Toward a knowledge - based theory of the firm ［J］. Strategic Management Journal, 1996, 17 (S2): 109-122.

［80］Grayson, K., & Ambler, T. The dark side of long - term relationships in marketing services ［J］. Journal of Marketing Research, 1999, 36 (1): 132-141.

［81］Griffith, D. A., & Harvey, M. G. An intercultural communication model for use in global interorganizational networks ［J］. Journal of International Marketing, 2001, 9 (3): 87-103.

［82］Grönroos, C. Creating a relationship dialogue: Communication, interaction and value ［J］. The Marketing Review, 2000, 1 (1): 5-14.

［83］Gu, F. F., Hung, K., & Tse, D. K. When does guanxi matter? Issues of capitalization and its dark sides ［J］. Journal of Marketing, 2008, 72 (4): 12-28.

［84］Guiltinan, J. P., Rejab, I. B., & Rodgers, W. C. Factors influencing coordination in a franchise channel ［J］. Journal of Retailing, 1980, 56 (3): 41-58.

［85］Gulati, R., & Higgins, M. C. Which ties matter when? The contingent effects of interorganizational partnerships on IPO success ［J］. Strategic Management Journal, 2003, 24 (2): 127-144.

［86］Gulati, R., & Sytch, M. Dependence asymmetry and joint dependence in interorganizational relationships: Effects of embeddedness on a manufacturer's performance in procurement relationships ［J］. Administrative Science Quarterly, 2007, 52 (1): 32-69.

［87］Gulati, R., Nohria, N., & Zaheer, A. Strategic networks ［J］. Strategic Management Journal, 2000, 21 (3): 203-215.

［88］Gummesson, E. The new marketing—developing long - term interactive relationships [J]. Long Range Planning, 1987, 20 (4): 10-20.

[89] Gundlach, G. T., & Cadotte, E. R. Exchange interdependence and interfirm interaction: Research in a simulated channel setting [J]. Journal of Marketing Research, 1994, 31 (4): 516-532.

[90] Haire M. E. Modern organization theory [M]. NY: John Wiley & Sons, 1959.

[91] Hamel G., Prahalad C. K. Strategic intent [J]. Mckinsey Quarterly, 1990 (1): 36-61.

[92] Hayes A. F., Preacher K. J. Conditional process modeling: Using structural equation modeling to examine contingent causal processes [Z]. 2013.

[93] Hurley R. F., Hult G. T. M. Innovation, market orientation, and organizational learning: An integration and empirical examination [J]. Journal of Marketing, 1998, 62 (3): 42-54.

[94] Haeussler, C., Patzelt, H., & Zahra, S. A. Strategic alliances and product development in high technology new firms: The moderating effect of technological capabilities [J]. Journal of Business Venturing, 2012, 27 (2): 217-233.

[95] Hakala, H. Strategic orientations in management literature: Three approaches to understanding the interaction between market, technology, entrepreneurial and learning orientations [J]. International Journal of Management Reviews, 2011, 13 (2): 199-217.

[96] Hambrick, D. C. High profit strategies in mature capital goods industries: A contingency approach [J]. Academy of Management Journal, 1983, 26 (4): 687-707.

[97] Hamel, E. Cholinergic modulation of the cortical microvascular bed [J]. Progress in Brain Research, 2004 (145): 171-178.

[98] Hatch, N. W., & Mowery, D. C. Process innovation and learning by doing in semiconductor manufacturing [J]. Management Science, 1998,

44（11-part-1）：1461-1477.

［99］Hayes, A. F. , & Preacher, K. J. Statistical mediation analysis with a multicategorical independent variable ［J］. British Journal of Mathematical and Statistical Psychology, 2014, 67（3）：451-470.

［100］Heide, J. B. Interorganizational governance in marketing channels ［J］. The Journal of Marketing, 1994（1）：71-85.

［101］Heide, J. B. , & Stump, R. L. Performance implications of buyer-supplier relationships in industrial markets：A transaction cost explanation ［J］. Journal of Business Research, 1995, 32（1）：57-66.

［102］Helfat, C. E. , & Peteraf, M. A. The dynamic resource - based view：Capability lifecycles ［J］. Strategic Management Journal, 2003, 24（10）：997-1010.

［103］Hennig - Thurau, T. Relationship quality and customer retention through strategic communication of customer skills ［J］. Journal of Marketing Management, 2000, 16（1-3）：55-79.

［104］Hewett, K. , Money, R. B. , & Sharma, S. An exploration of the moderating role of buyer corporate culture in industrial buyer-seller relationships ［J］. Journal of the Academy of Marketing Science, 2002, 30（3）：229-239.

［105］Hibbard, J. D. , Kumar, N. , & Stern, L. W. Examining the impact of destructive acts in marketing channel relationships ［J］. Journal of Marketing Research, 2001, 38（1）：45-61.

［106］Higgins, M. C. , & Gulati, R. Getting off to a good start：The effects of upper echelon affiliations on underwriter prestige ［J］. Organization Science, 2003, 14（3）：244-263.

［107］Hite, J. M. , & Hesterly, W. S. The evolution of firm networks：From emergence to early growth of the firm ［J］. Strategic Management Journal, 2001, 22（3）：275-286.

［108］Hitt, M. A. , Ireland, R. D. , & Lee, H. Technological learning, knowledge management, firm growth and performance: An introductory essay [J]. Journal of Engineering and Technology Ma-nagement, 2000, 17 (3-4): 231-246.

[109] Hitt, M. A., Ireland, R. D., Camp, S. M., et al. Strategic entrepreneurship: Entrepreneurial strategies for wealth creation [J]. Strategic Management Journal, 2001, 22 (6-7): 479-491.

[110] Hoang, H., & Antoncic, B. Network-based research in entrepreneurship: A critical review [J]. Journal of Business Venturing, 2003, 18 (2): 165-187.

[111] Holmlund, M. A definition, model, and empirical analysis of business-to-business relationship quality [J]. International Journal of Service Industry Management, 2008, 19 (1): 32-62.

[112] Hult, G. T. M., Hurley, R. F., & Knight, G. A. Innovativeness: Its antecedents and impact on business performance [J]. Industrial Marketing Management, 2004, 33 (5): 429-438.

[113] Hult, G. T. M., Ketchen, D. J., Cavusgil, S. T., et al. Knowledge as a strategic resource in supply chains [J]. Journal of Operations Management, 2006, 24 (5): 458-475.

[114] Huntley, J. K. Conceptualization and measurement of relationship quality: Linking relationship quality to actual sales and recommendation intention [J]. Industrial Marketing Management, 2006, 35 (6): 703-714.

[115] Hurley, R. F., & Hult, G. T. M. Innovation, market orientation, and organizational learning: An integration and empirical examination [J]. The Journal of Marketing, 1998 (1): 42-54.

[116] Ivens, B. S., & Pardo, C. Are key account relationships different? Empirical results on supplier strategies and customer reactions [J]. Industrial Marketing Management, 2007, 36 (4): 470-482.

[117] Jansen, J. J. P., Van, F. A. J., & Volberda, H. W. Exploratory

innovation, exploitative innovation, and performance: Effects of organizational antecedents and environmental moderators [J]. Management Science, 2006, 52 (11): 1661-1674.

[118] Jap, S. D. Pie-expansion efforts: Collaboration processes in buyer-supplier relationships [J]. Journal of Marketing Research, 1999 (1): 461-475.

[119] Jarvelin, A., & Lehtinen, U. Relationship quality in business-to-business service context [J]. Quis, 1996 (1): 243-254.

[120] Jaworski, B. J., & Kohli, A. K. Market orientation: Antecedents and consequences [J]. The Journal of Marketing, 1993 (1): 53-70.

[121] Jiang, Z., Shiu, E., Henneberg, S., & Naude, P. Relationship quality in business to business relationships-Reviewing the current literatures and proposing a new measurement model [J]. Psychology & Marketing, 2016, 33 (4): 297-313.

[122] Jiao, H., Alon, I., Koo, C. K., et al. When should organizational change be implemented? The moderating effect of environmental dynamism between dynamic capabilities and new venture performance [J]. Journal of Engineering and Technology Management, 2013, 30 (2): 188-205.

[123] Johannisson, B., Alexanderson, O., Nowicki, K., et al. Beyond anarchy and organization: Entrepreneurs in contextual networks [J]. Entrepreneurship & Regional Development, 1994, 6 (4): 329-356.

[124] Ju, M., Jin, J. L., & Zhou, K. Z. How can international ventures utilize marketing capability in emerging markets? Its contingent effect on new product development [J]. Journal of International Marketing, 2018, 26 (4): 1-17.

[125] Katila, R., & Mang, P. Y. Exploiting technological opportunities: the timing of collaborations [J]. Research Policy, 2003, 32 (2): 317-332.

[126] Katila, R., Rosenberger, J. D., & Eisenhardt, K. M. Swimming

with sharks: Technology ventures, defense mechanisms and corporate relation-ships [J]. Administrative Science Quarterly, 2008, 53 (2): 295-332.

[127] Kemper, J., Schilke, O., & Brettel, M. Social capital as a mic-rolevel origin of organizational capabilities [J]. Journal of Product Innovation Management, 2013, 30 (3): 589-603.

[128] Ketchen, J. D. J., Ireland, R. D., & Snow, C. C. Strategic en-trepreneurship, collaborative innovation, and wealth creation [J]. Strategic En-trepreneurship Journal, 2007, 1 (3-4): 371-385.

[129] Kim, D., Basu, C., Naidu, G. M., et al. The innovativeness of born - globals and customer orientation: Learning from Indian born - globals [J]. Journal of Business Research, 2011, 64 (8): 879-886.

[130] Knobloch, L. K., & Solomon, D. H. Information seeking beyond initial interaction: Negotiating relational uncertainty within close relationships [J]. Human Communication Research, 2002, 28 (2): 243-257.

[131] Kogut, B., & Zander, U. Knowledge of the firm, combinative ca-pabilities, and the replication of technology [J]. Organization Science, 1992, 3 (3): 383-397.

[132] Kohli, A. K., Jaworski, B. J., & Kumar, A. MARKOR: A measure of market orientation [J]. Journal of Marketing Research, 1993 (1): 467-477.

[133] Kohli, A. K., & Jaworski, B. J. Market orientation: The con-struct, research propositions, and managerial implications [J]. The Journal of Marketing, 1990 (1): 1-18.

[134] Kotabe, M. Corporate product policy and innovative behavior of Eu-ropean and Japanese multinationals: An empirical investigation [J]. The Journal of Marketing, 1990 (1): 19-33.

[135] Kotabe, M. Efficiency vs. effectiveness orientation of global sourcing strategy: A comparison of US and Japanese multinational companies [J]. Academy

of Management Perspectives, 1998, 12 (4): 107-119.

[136] Kraaijenbrink, J. Integrating knowledge and knowledge processes: A critical incident study of product development projects [J]. Journal of Product Innovation Management, 2012, 29 (6): 1082-1096.

[137] Krause, D. R. The antecedents of buying firms' efforts to improve suppliers [J]. Journal of Operations Management, 1999, 17 (2): 205-224.

[138] Krause, D. R., Handfield, R. B., & Tyler, B. B. The relationships between supplier development, commitment, social capital accumulation and performance improvement [J]. Journal of Operations Management, 2007, 25 (2): 528-545.

[139] Kühne, B., Gellynck, X., & Weaver, R. D. The influence of relationship quality on the innovation capacity in traditional food chains [J]. Supply Chain Management: An International Journal, 2013, 18 (1): 52-65.

[140] Kumar, N., Scheer, L. K., & Steenkamp, J. B. E. M. The effects of supplier fairness on vulnerable resellers [J]. Journal of Marketing Research, 1995 (1): 54-65.

[141] Lages, C., Lages, C. R., & Lages, L. F. The RELQUAL scale: A measure of relationship quality in export market ventures [J]. Journal of Business Research, 2005, 58 (8): 1040-1048.

[142] Lewis V. L., Churchill N. C. The five stages of small business growth [Z]. University of Illinois at Urbana-Champaign's Academy for Entrepreneurial Leadership Historical Research Reference in Entrepreneurship, 1983.

[143] Lanie, J. D., Wempe, W. F., & Zacharia, Z. G. Concentrated supply chain membership and financial performance: Chain-and firm-level perspectives [J]. Journal of Operations Management, 2010, 28 (1): 1-16.

[144] Larson, A. Network dyads in entrepreneurial settings: A study of the governance of exchange relationships [J]. Administrative Science Quarterly, 1992 (1): 76-104.

［145］ Larson, A. Partner networks: Leveraging external ties to improve entrepreneurial performance ［J］. Journal of Business Venturing, 1991, 6 (3): 173-188.

［146］ Larson, A., & Starr, J. A. A network model of organization formation ［J］. Entrepreneurship Theory and Practice, 1993, 17 (2): 5-15.

［147］ Laursen, K., & Salter, A. Open for innovation: The role of openness in explaining innovation performance among UK manufacturing firms ［J］. Strategic Management Journal, 2006, 27 (2): 131-150.

［148］ Lavie, D. The competitive advantage of interconnected firms: An extension of the resource-based view ［J］. Academy of Management Review, 2006, 31 (3): 638-658.

［149］ Lawson, B., Tyler, B. B., & Cousins, P. D. Antecedents and consequences of social capital on buyer performance improvement ［J］. Journal of Operations Management, 2008, 26 (3): 446-460.

［150］ Lawson, B., Tyler, B. B., & Cousins, P. D. Antecedents and consequences of social capital on buyer performance improvement ［J］. Journal of Operations Management, 2008, 26 (3): 446-460.

［151］ Lee, H. J., & Lee, S. Y. Heat transfer correlation for boiling flows in small rectangular horizontal channels with low aspect ratios ［J］. International Journal of Multiphase Flow, 2001, 27 (12): 2043-2062.

［152］ Levitt, T. Relationship management ［J］. Harvard Business Review, 1983, 61 (5): 87-93.

［153］ Li, H., & Zhang, Y. The role of managers' political networking and functional experience in new venture performance: Evidence from China's transition economy ［J］. Strategic Management Journal, 2007, 28 (8): 791-804.

［154］ Li, X., Shen, J., Ma, W., & Zhang, W. The effect of business ties and government ties on new IT venture growth: An empirical examination in China〔J〕. Information Technology and Management, 2016, 17（3）: 245-261.

〔155〕Liljander, V., & Strandvik, T. The nature of customer relation-ships in services〔J〕. Advances in Services Marketing and Management, 1995, 4（141）: 67-76.

〔156〕Liu, B. Uncertain risk analysis and uncertain reliability analysis〔J〕. Journal of Uncertain Systems, 2010, 4（3）: 163-170.

〔157〕Lumpkin, G. T., & Dess, G. G. Linking two dimensions of entre-preneurial orientation to firm performance: The moderating role of environment and industry life cycle〔J〕. Journal of Business Venturing, 2001, 16（5）: 429-451.

〔158〕Lusch, R. F. Reframing supply chain management: A service-dom-inant logic perspective〔J〕. Journal of Supply Chain Management, 2011, 47（1）: 14-18.

〔159〕Manu F. A. Innovation orientation, environment and performance: A comparison of US and European markets〔J〕. Journal of International Business Studies, 1992（23）: 333-359.

〔160〕Marshall A. Industrial organization, continued. The concentration of specialized industries in particular localities〔M〕//Principles of Economics. Lon-don: Palgrave Macmillan UK, 1920: 222-231.

〔161〕Mill J. S. Principles of political economy with some of their applica-tions〔J〕. Social Philosophy, 1848（1）: 329.

〔162〕Maurer, I., & Ebers, M. Dynamics of social capital and their per-formance implications: Lessons from biotechnology start-ups〔J〕. Administrative Science Quarterly, 2006, 51（2）: 262-292.

〔163〕McDougall, P. P., Shane, S., & Oviatt, B. M. Explaining the formation of international new ventures: The limits of theories from international business research〔J〕. Journal of Business Venturing, 1994, 9（6）:

469-487.

[164] Miles, R. E., Snow, C. C., Meyer, A. D., et al. Organizational strategy, structure, and process [J]. Academy of Management Review, 1978, 3 (3): 546-562.

[165] Milgrom, P., & Roberts, J. Complementarities and fit strategy, structure, and organizational change in manufacturing [J]. Journal of Accounting and Economics, 1995, 19 (2-3): 179-208.

[166] Miller, D. The correlates of entrepreneurship in three types of firms [J]. Management Science, 1983, 29 (7): 770-791.

[167] Mirabeau, L., & Maguire, S. From autonomous strategic behavior to emergent strategy [J]. Strategic Management Journal, 2014, 35 (8): 1202-1229.

[168] Mohr, J. J., Fisher, R. J., & Nevin, J. R. Collaborative communication in interfirm relationships: Moderating effects of integration and control [J]. The Journal of Marketing, 1996: 103-115.

[169] Mohr, J., & Nevin, J. R. Communication strategies in marketing channels: A theoretical perspective [J]. The Journal of Marketing, 1990, 54 (4): 36-51.

[170] Mohr, J., & Spekman, R. Characteristics of Partnership success: Partnership attributes, communication behavior, and conflict resolution techniques [J]. Strategic Management Journal, 1994, 15 (2): 135-152.

[171] Monczka, R. M., Callahan, T. J., & Nichols, E. L. Predictors of relationships among buying and supplying firms [J]. International Journal of Physical Distribution & Logistics Management, 1995, 25 (10): 45-59.

[172] Moorman, C., & Rust, R. T. The role of marketing [J]. The Journal of Marketing, 1999 (63): 180-197.

[173] Moorman, C., Zaltman, G., & Deshpande, R. Relationships between providers and users of market research: The dynamics of trust [J]. Journal of Marketing Research, 1992, 29 (3): 314-328.

［174］ Morgan, R. M. , & Hunt, S. D. The commitment－trust theory of relationship marketing ［J］. The Journal of Marketing, 1994 (1): 20-38.

［175］ Muthusamy, S. K. , White, M. A. , & Carr, A. An empirical examination of the role of social exchanges in alliance performance ［J］. Journal of Managerial Issues, 2007 (1): 53-75.

［176］ Nees D. B. , Greiner L. E. Seeing behind the look－alike management consultants ［J］. Organizational Dynamics, 1985, 13 (3): 68-79.

［177］ Nelson R. R. , Winter S. G. The Schumpeterian tradeoff revisited ［J］. The American Economic Review, 1982, 72 (1): 114-132.

［178］ Nahapiet, J. , & Ghoshal, S. Social capital, intellectual capital, and the organizational advantage ［J］. Academy of Management Review, 1998, 23 (2): 242-266.

［179］ Narasimhan, R. , & Jayaram, J. An empirical investigation of the antecedents and consequences of manufacturing goal achievement in North American, European and Pan Pacific firms ［J］. Journal of Operations Management, 1998, 16 (2-3): 159-176.

［180］ Narayandas, D. , & Rangan, V. K. Building and sustaining buyer-seller relationships in mature industrial markets ［J］. Journal of Marketing, 2004, 68 (3): 63-77.

［181］ Narver, J. C. , & Slater, S. F. The effect of a market orientation on business profitability ［J］. The Journal of Marketing, 1990 (1): 20-35.

［182］ Narver, J. C. , Slater, S, F. , & MacLachlan, D. L. Responsive and proactive market orientation and new－product success ［J］. Journal of Product Innovation Management, 2004, 21 (5): 334-347.

［183］ Naudé, P. , & Buttle, F. Assessing relationship quality ［J］. Industrial Marketing Management, 2000, 29 (4): 351-361.

［184］ Ndubis, N. O. Role of gender in conflict handling in the context of outsourcing service marketing ［J］. Psychology & Marketing, 2013, 30 (1):

26-35.

［185］Ndubisi, N. O. Conflict handling, trust and commitment in outsourcing relationship: A Chinese and Indian study［J］. Industrial Marketing Management, 2011, 40（1）: 109-117.

［186］Ndubisi, N. O. Consumer mindfulness and marketing implications ［J］. Psychology & Marketing, 2014, 31（4）: 237-250.

［187］Nelson, R., & Winter, S. An evolutionary theory of the firm ［J］. Belknap, Harvard, 1982: 41.

［188］Newbert, S. L., Tornikoski, E. T., & Quigley, N. R. Exploring the evolution of supporter networks in the creation of new organizations ［J］. Journal of Business Venturing, 2013, 28（2）: 281-298.

［189］Noordewier, T. G., John, G., & Nevin, J. R. Performance outcomes of purchasing arrangements in industrial buyer - vendor relationships ［J］. Journal of Marketing, 1990（1）: 80-93.

［190］Nooteboom, B. Innovation and inter - firm linkages: New implications for policy［J］. Research Policy, 1999, 28（8）: 793-805.

［191］Nyaga, G. N., & Whipple, J. M. Relationship quality and performance outcomes: Achieving a sustainable competitive advantage ［J］. Journal of Business Logistics, 2011, 32（4）: 345-360.

［192］Nyaga, G. N., Lynch, D. F., Marshall, D., et al. Power asymmetry, adaptation and collaboration in dyadic relationships involving a powerful partner ［J］. Journal of Supply Chain Management, 2013, 49（3）: 42-65.

［193］Odongo, W., Dora, M., Molnár, A., et al. Performance perceptions among food supply chain members: A triadic assessment of the influence of supply chain relationship quality on supply chain performance ［J］. British Food Journal, 2016, 118（7）: 1783-1799.

［194］O' Leary-Kelly, S. W., & Vokurka, R. J. The empirical assessment of construct validity ［J］. Journal of Operations Management, 1998,

16（4）：387-405.

［195］Palmatier, R, W. Relationship marketing ［M］. Cambridge, MA: Marketing Science Institute, 2008: 28-60.

［196］Palmatier, R. W. , Houston, M. B. , Dant, R. P. , et al. Relationship velocity: Toward a theory of relationship dynamics ［J］. Journal of Marketing, 2013, 77（1）: 13-30.

［197］Palmatier, R. W. , Scheer, L. K. , Evans, K. R. , et al. Achieving relationship marketing effectiveness in business-to-business exchanges ［J］. Journal of the Academy of Marketing Science, 2008, 36（2）: 174-190.

［198］Palmatier, R. W. , Scheer, L. K. , Houston, M. B. , et al. Use of relationship marketing programs in building customer-salesperson and customer-firm relationships: Differential influences on financial outcomes ［J］. International Journal of Research in Marketing, 2007, 24（3）: 210-223.

［199］Panigyrakis, G. G. , & Theodoridis, P. K. Market orientation and performance: An empirical investigation in the retail industry in Greece ［J］. Journal of Retailing and Consumer Services, 2007, 14（2）: 137-149.

［200］Park, H. D. , & Steensma, H. K. When does corporate venture capital add value for new ventures ［J］. Strategic Management Journal, 2012, 33（1）: 1-22.

［201］Parsons, A. G. Non-functional motives for online shoppers: Why we click ［J］. Journal of Consumer Marketing, 2002, 19（5）: 380-392.

［202］Patel, P. C. , Fiet, J. O. , & Sohl, J. E. Mitigating the limited scalability of bootstrapping through strategic alliances to enhance new venture growth ［J］. International Small Business Journal, 2011, 29（5）: 421-447.

［203］Paulraj, A. , Lado, A. A, & Chen, I. J. Inter-organizational communication as a relational competency: Antecedents and performance outcomes in collaborative buyer-supplier relationships ［J］. Journal of Operations Management, 2008, 26（1）: 45-64.

［204］ Peng, M. W. Institutional transitions and strategic choices ［J］. Academy of Management Review, 2003, 28 (2): 275-296.

［205］ Pfeffer, J. , & Salancik, G. R. The design and management of externally controlled organizations ［J］. The External Control of Organizations, 1978 (1): 257-287.

［206］ Pham, T. S. H. , Monkhouse, L. L. , & Barnes, B. R. The influence of relational capability and marketing capabilities on the export performance of emerging market firms ［J］. International Marketing Review, 2017, 34 (5): 606-628.

［207］ Podsakoff, P. M. , MacKenzie, S. B. , Lee, J. Y. , et al. Common method biases in behavioral research: A critical review of the literature and recommended remedies ［J］. Journal of Applied Psychology, 2003, 88 (5): 846-879.

［208］ Porter, M. F. An algorithm for suffix stripping ［J］. Program, 1980, 14 (3): 130-137.

［209］ Portes, A. , & Sensenbrenner, J. Embeddedness and immigration: Notes on the social determinants of economic action ［J］. American Journal of Sociology, 1993, 98 (6): 1320-1350.

［210］ Powell, W. W. , Koput, K. W. , & Smith-Doerr, L. Interorganizational collaboration and the locus of innovation: Networks of learning in biotechnology ［J］. Administrative Science Quarterly, 1996, 41 (1): 116-145.

［211］ Prahinski, C. , & Benton, W. C. Supplier evaluations: Communication strategies to improve supplier performance ［J］. Journal of Operations Management, 2004, 22 (1): 39-62.

［212］ Prajogo, D. I. , & Sohal, A. S. The integration of TQM and technology/R&D management in determining quality and innovation performance ［J］. Omega, 2006, 34 (3): 296-312.

［213］ Riordan M. H. , Williamson O. E. Asset specificity and economic organization ［J］. International Journal of Industrial Organization, 1985, 3 (4):

365-378.

［214］Roberts, K. , Varki, S. , & Brodie, R. Measuring the quality of relationships in consumer services: An empirical study ［J］. European Journal of Marketing, 2003, 37 （1/2）: 169-196.

［215］Rodríguez, A. C. , Molina, M. A. , Pérez, A. L. G. , et al. Size, age and activity sector on the growth of the small and medium firm size ［J］. Small Business Economics, 2003, 21 （3）: 289-307.

［216］Rothaermel, F. T. Technological discontinuities and interfirm cooperation: What determines a startup's attractiveness as alliance partner ［J］. IEEE Transactions on Engineering Management, 2002, 49 （4）: 388-397.

［217］Rowley, T. , Behrens, D. , & Krackhardt, D. Redundant governance structures: An analysis of structural and relational embeddedness in the steel and semiconductor industries ［J］. Strategic Management Journal, 2000, 21 （3）: 369-386.

［218］Schumpeter J. A. The theory of economic development ［M］. Harvard University Press, 1934.

［219］Smith A. The theory of moral sentiments ［M］. Metalibri, 1790.

［220］Steinmetz L. L. Critical stages of small business growth: When they occur and how to survive them ［J］. Business Horizons, 1969, 12 （1）: 29-36.

［221］Salancik, G. R. , & Pfeffer, J. A social information processing approach to job attitudes and task design ［J］. Administrative Science Quarterly, 1978: 224-253.

［222］Sariola, R. , & Martinsuo, M. Enhancing the supplier's non-contractual project relationships with designers ［J］. International Journal of Project Management, 2016, 34 （6）: 923-936.

［223］Schmitz, A. , Urbano, D. , Dandolini, G. A. , et al. Innovation and entrepreneurship in the academic setting: A systematic literature review

［J］. International Entrepreneurship and Management Journal, 2017, 13 (2): 369-395.

［224］Schreiner, M., Kale, P., & Corsten, D. What really is alliance management capability and how does it impact alliance outcomes and success ［J］. Strategic Management Journal, 2009, 30 (13): 1395-1419.

［225］Sebastiao, H. J., & Golicic, S. Supply chain strategy for nascent firms in emerging technology markets ［J］. Journal of Business Logistics, 2008, 29 (1): 75-91.

［226］Selsky, J. W., & Parker, B. Cross-sector partnerships to address social issues: Challenges to theory and practice ［J］. Journal of Management, 2005, 31 (6): 849-873.

［227］Shane, S., & Cable, D. Network ties, reputation, and the financing of new ventures ［J］. Management Science, 2002, 48 (3): 364-381.

［228］Shepherd, D. A., & Zacharakis, A. A new venture's cognitive legitimacy: An assessment by customers ［J］. Journal of Small Business Management, 2003, 41 (2): 148.

［229］Shepherd, D. A., Douglas, E. J., & Shanley, M. New venture survival: Ignorance, external shocks, and risk reduction strategies ［J］. Journal of Business Venturing, 2000, 15 (5-6): 393-410.

［230］Shook, C. L., Adams, G. L., Ketchen, J. D. J., et al. Towards a "theoretical toolbox" for strategic sourcing ［J］. Supply Chain Management: An International Journal, 2009, 14 (1): 3-10.

［231］Siguaw, J. A., Simpson, P. M., & Enz, C. A. Conceptualizing innovation orientation: A framework for study and integration of innovation research ［J］. Journal of Product Innovation Management, 2006, 23 (6): 556-574.

［232］Simpson, M., Padmore, J., Taylor, N., et al. Marketing in small and medium sized enterprises ［J］. International Journal of Entrepreneurial

Behavior & Research, 2006, 12 (6): 361-387.

[233] Singh, J. V., Tucker, D. J., & House, R. J. Organizational legitimacy and the liability of newness [J]. Administrative Science Quarterly, 1986 (1): 171-193.

[234] Sirmon, D. G., & Hitt, M. A. Contingencies within dynamic managerial capabilities: Interdependent effects of resource investment and deployment on firm performance [J]. Strategic Management Journal, 2009, 30 (13): 1375-1394.

[235] Sirmon, D. G., Hitt, M. A., & Ireland, R, D. Managing firm resources in dynamic environments to create value: Looking inside the black box [J]. Academy of Management Review, 2007, 32 (1): 273-292.

[236] Skarmeas, D., Katsikeas, C. S., Spyropoulou, S., et al. Market and supplier characteristics driving distributor relationship quality in international marketing channels of industrial products [J]. Industrial Marketing Management, 2008, 37 (1): 23-36.

[237] Slater, S. F., & Narver, J. C. Market orientation and the learning organization [J]. Journal of Marketing, 1995, 59 (3): 63-74.

[238] Slotte-Kock, S., & Coviello, N. Entrepreneurship research on network processes: A review and ways forward [J]. Entrepreneurship Theory and Practice, 2010, 34 (1): 31-57.

[239] Smith, D. A., & Lohrke, F. T. Entrepreneurial network development: Trusting in the process [J]. Journal of Business Research, 2008, 61 (4): 315-322.

[240] Smith, J. B. Buyer-seller relationships: Similarity, relationship management, and quality [J]. Psychology & Marketing, 1998, 15 (1): 3-21.

[241] Snow, C. C., & Hrebiniak, L. G. Strategy, distinctive competence and organizational performance [J]. Administrative Science Quarterly, 1980: 317-336.

［242］Soda, G. , & Usai, A. The dark side of dense networks ［J］. Inter-firm Networks: Organization and Industrial Competitiveness, 1999 (1): 276.

［243］Söderblom, A. , Samuelsson, M. , Wiklund, J. , et al. Inside the black box of outcome additionality: Effects of early-stage government subsidies on resource accumulation and new venture performance ［J］. Research Policy, 2015, 44 (8): 1501-1512.

［244］Soh, P. H. The role of networking alliances in information acquisition and its implications for new product performance ［J］. Journal of Business Venturing, 2003, 18 (6): 727-744.

［245］Song, L. , & Jing, L. Strategic orientation and performance of new Ventures: Empirical studies based on entrepreneurial activities in China ［J］. International Entrepreneurship and Management Journal, 2017, 13 (4): 989-1012.

［246］Song, M. , & Di, B. C. A. Supplier's involvement and success of radical new product development in new ventures ［J］. Journal of Operations Management, 2008, 26 (1): 1-22.

［247］Song, Y. , Su, Q. , Liu, Q. , et al. Impact of business relationship functions on relationship quality and buyer's performance ［J］. Journal of Business & Industrial Marketing, 2012, 27 (4): 286-298.

［248］Stam, W. , Arzlanian, S. , & Elfring, T. Social capital of entrepreneurs and small firm performance: A meta-analysis of contextual and methodological moderators ［J］. Journal of Business Venturing, 2014, 29 (1): 152-173.

［249］Stinchcombe, A. L. , & March, J. G. Social structure and organizations ［J］. Handbook of Organizations, 1965 (7): 142-193.

［250］Su, H. C. , Chen, Y. S. , & Ro, Y. K. Perception differences between buyer and supplier: The effect of agent negotiation styles ［J］. International Journal of Production Research, 2017, 55 (20): 6067-6083.

[251] Su, Z. , Xie, E. , & Li, Y. Entrepreneurial orientation and firm performance in new ventures and established firms [J]. Journal of Small Business Management, 2011, 49 (4): 558-577.

[252] Sullivan, D. M. , & Ford, C. M. How entrepreneurs use networks to address changing resource requirements during early venture development [J]. Entrepreneurship Theory and Practice, 2014, 38 (3): 551-574.

[253] Teece D. J. Explicating dynamic capabilities: The nature and micro-foundations of (sustainable) enterprise performance [J]. Strategic Management Journal, 2007, 28 (13): 1319-1350.

[254] Tan, C. Y. , & Ndubisi. O. N. Evaluating supply chain relationship quality, organisational resources, technological innovation and enterprise performance in the palm oil processing sector in Asia [J]. Journal of Business & Industrial Marketing, 2014, 29 (6): 487-498.

[255] Teece, D. , Pisano, G. , & Shuen, A. Dynamic capabilities and strategic management [J]. Strategic Management Journal, 1997, 18 (7): 509-533.

[256] Terawatanavong, C. , Whitwell, G. J. , Widing, R. E. , et al. Technological turbulence, supplier market orientation, and buyer satisfaction [J]. Journal of Business Research, 2011, 64 (8): 911-918.

[257] Tsai, J. M. , & Hung, S. W. Supply chain relationship quality and performance in technological turbulence: An artificial neural network approach [J]. International Journal of Production Research, 2016, 54 (9): 2757-2770.

[258] Utterback J. M. , Abernathy W. J. A dynamic model of process and product innovation [J]. Omega, 1975, 3 (6): 639-656.

[259] Ulaga, W. , & Eggert, A. Relationship value and relationship quality: Broadening the nomological network of business-to-business relationships [J]. European Journal of Marketing, 2006, 40 (3/4): 311-327.

[260] Ural, T. The effects of relationship quality on export performance: A classification of small and medium-sized Turkish exporting firms operating in

single export‐market ventures [J]. European Journal of Marketing, 2009, 43 (1/2): 139‐168.

[261] Uzzi, B. Social structure and competition in interfirm networks: The paradox of embeddedness [J]. Administrative Science Quarterly, 1997 (1): 35‐67.

[262] Velez, M. L., Sanchez, J. M., Florez, R., et al. How control system information characteristics affect exporter‐intermediary relationship quality [J]. International Business Review, 2015, 24 (5): 812‐824.

[263] Verhoef, P. C., Kannan, P. K., & Inman, J. J. From multi‐channel retailing to omni‐channel retailing: Introduction to the special issue on multi‐channel Retailing [J]. Journal of Retailing, 2015, 91 (2): 174‐181.

[264] Villena, V. H., Revilla, E., & Choi, T. Y. The dark side of buyer‐supplier relationships: A social capital perspective [J]. Journal of Operations Management, 2011, 29 (6): 561‐576.

[265] Wallenburg, C. M. Innovation in logistics outsourcing relationships: Proactive improvement by logistics service providers as a driver of customer loyalty [J]. Journal of Supply Chain Management, 2009, 45 (2): 75‐93.

[266] Walter, A., Müller, T. A., Helfert, G., et al. Functions of industrial supplier relationships and their impact on relationship quality [J]. Industrial Marketing Management, 2003, 32 (2): 159‐169.

[267] Williamson, T. The philosophy of philosophy [M]. John Wiley & Sons, 2008: 89‐116.

[268] Williamson, O. E. Outsourcing: Transaction cost economics and supply chain management [J]. Journal of Supply Chain Management, 2008, 44 (2): 5‐16.

[269] Winter, S. G. Understanding dynamic capabilities [J]. Strategic Management Journal, 2003, 24 (10): 991‐995.

[270] Wong, Y. H., & Chan, R. Y. Relationship marketing in China:

Guanxi, favouritism and adaptation [J]. Journal of Business Ethics, 1999, 22 (2): 107-118.

[271] Woo, K., & Ennew, C. T. Business－to－Business relationship quality: An IMP interaction based conceptualization and measurement [J]. European Journal of Marketing, 2004, 38 (9/10): 1252-1271.

[272] Wynstra, F., Spring, M., & Schoenherr, T. Service triads: A research agenda for buyer－supplier－customer triads in business services [J]. Journal of Operations Management, 2015 (35): 1-20.

[273] Yeung, A. C. L. Strategic supply management, quality initiatives, and organizational performance [J]. Journal of Operations Management, 2008, 26 (4): 490-502.

[274] Yin, R. K. Validity and generalization in future case study evaluations [J]. Evaluation, 2013, 19 (3): 321-332.

[275] Young, L. C., & Wilkinson, I. F. The space between: Towards a typology of interfirm relations [J]. Journal of Business－to－Business Marketing, 1998, 4 (2): 53-97.

[276] Zaheer, A., & Venkatraman, N. Relational governance as an interorganizational strategy: An empirical test of the role of trust in economic exchange [J]. Strategic Management Journal, 1995, 16 (5): 373-392.

[277] Zaheer, A., McEvily, B., & Perrone, V. Does trust matter? Exploring the effects of interorganizational and interpersonal trust on performance [J]. Organization Science, 1998, 9 (2): 141-159.

[278] Zahra, S. A., & Covin, J. G. Contextual influences on the corporate entrepreneurship performance relationship: A longitudinal analysis [J]. Journal of Business Venturing, 1995, 10 (1): 43-58.

[279] Zahra, S. A., Ireland, R. D., & Hitt, M. A. International expansion by new venture firms: International diversity, mode of market entry, technological learning, and performance [J]. Academy of Management Journal,

2000, 43 (5): 925-950.

[280] Zaremba, B. W. , Bode, C. , & Wagner, S. M. Strategic and operational determinants of relationship outcomes with new venture suppliers [J]. Journal of Business Logistics, 2016, 37 (2): 152-167.

[281] Zehir, C. , Altindag, E. , & Acar, A. Z. The effects of relationship orientation through innovation orientation on firm performance: An empirical study on Turkish family - owned firms [J]. Procedia - Social and Behavioral Sciences, 2011 (24): 896-908.

[282] Zhan, W. , & Luo, Y. Performance implications of capability exploitation and upgrading in international joint ventures [J]. Management International Review, 2008, 48 (2): 227-253.

[283] Zhang, X. , & Bartol, K. M. Linking empowering leadership and employee creativity: The influence of psychological empowerment, intrinsic motivation, and creative process engagement [J]. Academy of Management Journal, 2010, 53 (1): 107-128.

[284] Zhao, X. , Huo, B. , Flynn, B. B. , et al. The impact of power and relationship commitment on the integration between manufacturers and customers in a supply chain [J]. Journal of Operations Management, 2008, 26 (3): 368-388.

[285] Zhao, X. , Huo, B. , Selen, W. , et al. The impact of internal integration and relationship commitment on external integration [J]. Journal of Operations Management, 2011, 29 (1-2): 17-32.

[286] Zhou, H. , & Benton, J. W. C. Supply chain practice and information sharing [J]. Journal of Operations Management, 2007, 25 (6): 1348-1365.

[287] Zhou, K. Z. , & Li C. B. How strategic orientations influence the building of dynamic capability in emerging economies [J]. Journal of Business Research, 2010, 63 (3): 224-231.

[288] Zhou, K. Z. , Yim, C. K. , & Tse, D. K. The effects of strategic orientations on technology - and market - based breakthrough innovations

［J］．Journal of Marketing，2005，69（2）：42-60.

［289］Zott，C. Dynamic capabilities and the emergence of intraindustry dif-
ferential firm performance：Insights from a simulation study ［J］．Strategic
Management Journal，2003，24（2）：97-125.

［290］蔡莉，单标安，周立媛．新创企业市场导向对绩效的影响——
资源整合的中介作用 ［J］．中国工业经济，2010（11）：77-86.

［291］蔡莉，郭润萍．转型经济情境下新企业知识整合模型构建
［J］．吉林大学社会科学学报，2015，55（3）：59-67.

［292］曹宗平．科技型中小企业技术创新的资金支持——基于生命周
期视角的研究 ［J］．科学管理研究，2009，27（4）：112-116.

［293］曹永辉．动态能力视角下供应链质量管理对企业质量绩效的作
用机制研究 ［D］．浙江大学博士学位论文，2016.

［294］陈佳贵．关于企业生命周期与企业蜕变的探讨 ［J］．中国工业
经济，1995（11）：5-13.

［295］陈爽英，井润田，龙小宁等．民营企业家社会关系资本对研发
投资决策影响的实证研究 ［J］．管理世界，2010（1）：88-97.

［296］戴万亮，张慧颖，金彦龙．内部社会资本对产品创新的影
响——知识螺旋的中介效应 ［J］．科学学研究，2012，30（8）：1263-1271.

［297］邓春平，毛基业．关系契约治理与外包合作绩效——对日离岸
软件外包项目的实证研究 ［J］．南开管理评论，2008（4）：25-33.

［298］董保宝．创业网络演进阶段整合模型构建与研究启示探析
［J］．外国经济与管理，2013，35（9）：15-24.

［299］杜鹏，万后芬．创新导向与市场导向的融合：一个实证研究
［J］．中大管理研究，2006，1（2）：33-52.

［300］杜运周．竞争与互动导向、组织合法性与新企业成长关系实证
研究 ［D］．南开大学博士学位论文，2010.

［301］方世建，蒋文君．国外经典创业网络模型回顾与未来研究展望
［J］．外国经济与管理，2011，33（7）：1-9.

［302］符健春，王重鸣，孟晓斌．创业者领导行为与企业绩效：创业企业发展阶段的调节效应［J］．应用心理学，2008，14（2）：129-140.

［303］韩炜，杨俊，张玉利．创业网络混合治理机制选择的案例研究［J］．管理世界，2014（2）：118-136.

［304］何建洪，贺昌政，胡冬云．技术能力、战略创新导向与创新型企业形成研究［J］．科技进步与对策，2014，31（22）：57-62.

［305］贺小刚．企业家能力与企业成长：一个能力理论的拓展模型［J］．科技进步与对策，2006，23（9）：45-48.

［306］胡继灵．高新技术企业生命周期各阶段技术创新战略的选择［J］．科技进步与对策，2001（8）：47-48.

［307］胡国栋，罗章保．中国本土网络组织的关系治理机制——基于自组织的视角［J］．中南财经政法大学学报，2017（4）：127-139.

［308］胡望斌，张玉利，杨俊．同质性还是异质性：创业导向对技术创业团队与新企业绩效关系的调节作用研究［J］．管理世界，2014（6）：92-109.

［309］胡杨成，蔡宁．资源依赖视角下的非营利组织市场导向动因探析［J］．社会科学家，2008（3）：120-123.

［310］黄寒燕．企业创新导向过程中的知识资源获取研究［J］．科学管理研究，2011（6）：96-99.

［311］霍宝锋，韩昭君，赵先德．权力与关系承诺对供应商整合的影响［J］．管理科学学报，2013，16（4）：33-50.

［312］贾生华，吴波，王承哲．资源依赖、关系质量对联盟绩效影响的实证研究［J］．科学学研究，2007，25（2）：334-339.

［313］寇宗来，周敏．基于纳什谈判的外商进入模式分析［J］．南方经济，2012（30）：116-126.

［314］李业．企业生命周期的修正模型及思考［J］．南方经济，2000（2）：4，47-50.

［315］李媛媛，刘思羽．科技金融网络对企业技术创新的影响——基

于企业生命周期视角 [J]．中国科技论坛，2021（6）：119-128．

［316］李恒毅，宋娟．新技术创新生态系统资源整合及其演化关系的案例研究 [J]．科技创新导报，2014（26）：7-10．

［317］李全喜，孙磐石．供应链组织关系对于质量绩效影响的实证研究 [J]．求是学刊，2012，39（2）：72-77．

［318］李新春，梁强，宋丽红．外部关系—内部能力平衡与新创企业成长——基于创业者行为视角的实证研究 [J]．中国工业经济，2010（12）：97-107．

［319］李雪灵，马文杰，白晓晓等．转型经济背景下的新创企业关系网络研究前沿探析与未来展望 [J]．外国经济与管理，2011，33（5）：9-16．

［320］李雪灵，申佳．关系质量量表开发与验证：基于本土研究视角 [J]．科研管理，2017，38（11）：117-125．

［321］梁强，李新春，周莉．新创企业内部资源与外部关系的战略平衡——中国情境下的经验研究 [J]．管理科学学报，2016，19（4）：71-87．

［322］林莉．知识联盟中知识转移的障碍因素及应对策略分析 [J]．科技导报，2004，22（4）：29-32．

［323］林嵩，姜彦福．公司创业战略模式及应用——一个系统化过程模型 [J]．中国工业经济，2008（9）：109-117．

［324］林嵩，刘震．战略导向文献综述与研究展望 [J]．科技管理研究，2015，35（5）：240-244．

［325］刘超，刘新梅，李沐涵．组织创造力与组织创新绩效：战略导向的调节效应 [J]．科研管理，2013（11）：95-102．

［326］刘人怀，姚作为．关系质量研究述评 [J]．外国经济与管理，2005，27（1）：27-33．

［327］刘伟，邸支艳．关系质量、知识缄默性与IT外包知识转移——基于接包方视角的实证研究 [J]．科学学研究，2016，34（12）：

1865-1874.

　[328] 龙静．创业关系网络与新创企业绩效——基于创业发展阶段的分析 [J]．经济管理，2016（5）：40-50.

　[329] 罗险峰，胡逢树．不同生命周期阶段的企业创新行为及风险分析 [J]．科技进步与对策，2000（12）：60-61.

　[330] 罗珉，何长见．组织间关系：界面规则与治理机制 [J]．中国工业经济，2006（5）：87-95.

　[331] 迈克尔·波特．竞争优势 [M]．北京：华夏出版社，2005.

　[332] 马鸿佳，马楠，郭海．关系质量、关系学习与双元创新 [J]．科学学研究，2017，35（6）：917-930.

　[333] 毛基业，李高勇．案例研究的"术"与"道"的反思——中国企业管理案例与质性研究论坛（2013）综述 [J]．管理世界，2014（2）：111-117.

　[334] 潘文安，张红．供应链伙伴间的信任、承诺对合作绩效的影响 [J]．心理科学，2006，29（6）：1502-1506.

　[335] 彭伟，符正平．新创企业联盟网络的动态演化——基于创新企业的多案例探索性研究 [J]．现代财经（天津财经学院学报），2013（11）：4-18.

　[336] 彭新敏，吴晓波，吴东．基于二次创新动态过程的企业网络与组织学习平衡模式演化 [J]．管理世界，2011（4）：138-149.

　[337] 彭学兵，王乐，刘玥伶等．创业网络、效果推理型创业资源整合与新创企业绩效关系研究 [J]．科学学与科学技术管理，2017，38（6）：157-170.

　[338] 彭正银．网络治理理论探析 [J]．中国软科学，2002（3）：50-54.

　[339] 彭罗斯（Penrose，E.T.）．企业成长理论 [M]．上海：上海人民出版社，2007.

　[340] 浦贵阳．价值网络对创新绩效的作用机制研究 [D]．浙江大学

博士学位论文，2014.

[341] 任胜钢，吴娟，王龙伟．网络嵌入与企业创新绩效研究——网络能力的调节效应检验 [J]．研究与发展管理，2011，23（3）：16-24.

[342] 沈鹏熠．服务质量、关系质量与中国承接离岸服务外包绩效影响因素研究 [J]．工业技术经济，2012（12）：71-80.

[343] 宋喜凤，杜荣，艾时钟．IT 外包中关系质量、知识共享与外包绩效关系研究 [J]．管理评论，2013，25（1）：52-62.

[344] 苏涛，陈春花，崔小雨等．信任之下，其效何如——来自 Meta 分析的证据 [J]．南开管理评论，2017（4）：179-192.

[345] 孙爱英，周竺．不同市场导向类型对技术创新的影响研究 [J]．工业技术经济，2008，27（6）：61-64.

[346] 孙国强．网络组织的内涵、特征与构成要素 [J]．南开管理评论，2001，4（4）：38-40.

[347] 陶青，仲伟俊．合作伙伴关系中合作程度对其收益的影响研究 [J]．管理工程学报，2002，16（1）：66-69.

[348] 田莉，池军．基于过程视角下的技术创业研究：兴起、独特性及最新探索 [J]．技术经济与管理研究，2009（6）：31-36.

[349] 王海龙，王国红，武春友．面向不连续创新的科技创业企业绩效实证研究 [J]．科研管理，2008，29（6）：44-51.

[350] 王辉，张慧颖，吴红翠．供应链间关系质量对知识吸收能力和企业合作创新绩效的影响研究 [J]．统计与信息论坛，2012，27（11）：99-105.

[351] 王重鸣，刘帮成．技术能力与创业绩效：基于战略导向的解释 [J]．科学学研究，2005，23（6）：765-771.

[352] 魏江，张妍，龚丽敏．基于战略导向的企业产品创新绩效研究——研发网络的视角 [J]．科学学研究，2014，32（10）：1593-1600.

[353] 温忠麟，侯杰泰，张雷．调节效应与中介效应的比较和应用 [J]．心理学报，2005（2）：268-274.

［354］吴贵生，杨艳，朱恒源．产品创新中的战略导向：基于对已有研究评述的一个新框架［J］．研究与发展管理，2011，23（6）：45-54.

［355］吴俊杰，戴勇．企业家社会网络、组织能力与集群企业成长绩效［J］．管理学报，2013，10（4）：5-16.

［356］吴俊杰，戴勇．企业家社会资本、知识整合能力与技术创新绩效关系研究［J］．科技进步与对策，2013，30（11）：84-88.

［357］吴明隆．问卷统计分析实务——SPSS 操作与应用［M］．重庆：重庆大学出版社，2010.

［358］吴松强，苏思骐，沈忠芹等．产业集群网络关系特征对产品创新绩效的影响［J］．外国经济与管理，2017，39（5）：27-35.

［359］吴晓云，张峰．关系资源对营销能力的影响机制——顾客导向和创新导向的中介效应［J］．管理评论，2014，26（2）：58-68.

［360］吴晓云，张峰．基于流程嵌入的动态创新能力的形成和使用——组织结构的角色［J］．研究与发展管理，2012，24（5）：42-54.

［361］夏萌，张哲．供应链关系质量对成功开发新产品影响的研究［J］．经济研究导刊，2012（23）：179-181.

［362］肖忠意，林琳．企业金融化、生命周期与持续性创新——基于行业分类的实证研究［J］．财经研究，2019，45（8）：43-57.

［363］肖鹏．社会网络、关系质量与新创企业成长关系研究［J］．科技进步与对策，2018，35（18）：113-119.

［364］徐建中，李奉书，李丽等．企业外部关系质量对低碳技术创新的影响：基于知识视角的研究［J］．中国软科学，2017（2）：183-192.

［365］徐可，何桢，王瑞．供应链关系质量与企业创新价值链——知识螺旋和供应链整合的作用［J］．南开管理评论，2015，18（1）：108-117.

［366］徐蕾．集群创新网络内涵、运行机制与研究展望［J］．情报杂志，2012（5）：202-207.

［367］许德惠，李刚，孙林岩等．环境不确定性、供应链整合与企业

绩效关系的实证研究［J］.科研管理，2012，33（12）：40-49.

［368］许婷，杨建君，孙庆刚，张峰.信任程度、大股东参与度与自主创新关系研究［J］.科研管理，2017（9）：77-85.

［369］杨涛，朱学红.基于企业生命周期的我国中小企业技术创新战略的选择［J］.未来与发展，2006（10）：39-41+50.

［370］杨洪涛，石春生，姜莹."关系"文化对创业供应链合作关系稳定性影响的实证研究［J］.管理评论，2011，23（4）：115-121.

［371］杨建君，张峰，孙丰文.企业内部信任与技术创新模式选择的关系［J］.科学学与科学技术管理，2014，35（10）：94-104.

［372］杨洁辉，苗长虹，水会莉.环境管理实践、供应链关系质量与技术创新绩效［J］.统计与决策，2016（24）：183-185.

［373］杨智，张茜岚，谢春燕.企业战略导向的选择：市场导向或创新导向——基于湖南省高新技术开发区企业的实证研究［J］.科学学研究，2009，27（2）：278-288.

［374］伊查克·爱迪思.企业生命周期［M］.北京：中国社会科学出版社，1997.

［375］叶飞，徐学军.供应链伙伴关系间信任与关系承诺对信息共享与运营绩效的影响［J］.系统工程理论与实践，2009（8）：36-49.

［376］叶江峰，任浩，郝斌.企业内外部知识异质度对创新绩效的影响——战略柔性的调节作用［J］.科学学研究，2015（4）：574-584.

［377］易锐，夏清华.开放式创新有助于改善新创企业脆弱性吗［J］.科学学研究，2018（6）：1096-1109，1118.

［378］余绍忠.创业资源、创业战略与创业绩效关系研究——基于不同环境及组织结构的调节机制［D］.浙江大学博士学位论文，2012.

［379］张钢，张东芳.供应商网络中的信任分析——以浙江省汽车零配件企业为例［J］.管理科学学报，2008，11（1）：133-142.

［380］张婧，段艳玲.我国制造型企业市场导向和创新导向对新产品绩效影响的实证研究［J］.南开管理评论，2010，13（1）：81-89.

［381］张群洪，刘震宇，严静．信息技术采用对关系治理的影响：投入专用性的调节效应研究［J］．南开管理评论，2010（1）：125-133.

［382］张涑贤，苏秦，宋永涛等．B2B下服务质量对关系质量的影响研究［J］．管理学报，2010，7（10）：1514-1519.

［383］张旭梅，陈伟．供应链企业间信任、关系承诺与合作绩效——基于知识交易视角的实证研究［J］．科学学研究，2011，29（12）：1865-1874.

［384］张妍，魏江．战略导向国内外研究述评与未来展望［J］．中国科技论坛，2014（11）：139-143.

［385］张玉利，王晓文．先前经验、学习风格与创业能力的实证研究［J］．管理科学，2011，24（3）：1-12.

［386］张玉利，杨俊，任兵．社会资本、先前经验与创业机会——一个交互效应模型及其启示［J］．管理世界，2008（7）：91-102.

［387］赵春霞，王永贵．外部知识源对产品创新能力影响的实证研究——市场导向的调节作用［J］．技术经济，2016，35（9）：1-8.

［388］周小宇，符国群，王锐．关系导向战略与创新导向战略是相互替代还是互为补充——来自中国私营企业的证据［J］．南开管理评论，2016，19（4）：13-26.

［389］周茵，庄贵军，杨伟．企业间关系质量：渠道影响策略的权变模型［J］．商业经济与管理，2016（7）：23-32.

［390］朱秀梅，李明芳．创业网络特征对资源获取的动态影响——基于中国转型经济的证据［J］．管理世界，2011（6）：105-115.

［391］朱磊，任鸿源，王春燕．企业生命周期、高管过度自信与企业创新绩效——来自A股高新技术企业的经验数据［J］．山东财经大学学报，2018，30（4）：94-108.

附　录

1. 新创企业供应链关系质量研究的 总体访谈提纲

1. 访谈企业名称：

2. 访谈时间与地点：

3. 访谈对象：

4. 访谈提纲（根据提纲要求内容可以适当扩展）：

（1）请您介绍一下您本人在公司的基本情况，包括所在部门、职务、工作年限、受教育程度，在公司的感受等。

（2）请您介绍一下公司的基本情况，包括公司所在行业、成立年限、所处成长阶段、公司性质、人数、主要产品和业务，公司成立以来的近几年销售状况、技术创新情况等。

（3）请描述公司自成立以来与合作伙伴所建立供应链关系的基本情况，包括建立时间、构建原因、发展思路、运行效果、合作伙伴情况等。（请补充关键事件和相关例子）

（4）贵公司是否有专门负责外部供应链关系管理的部门？它是怎么运

作的?（请补充关键事件和相关例子）

（5）您认为影响贵公司供应链关系成效的因素有哪些？关键因素是什么？为什么？（请补充关键事件和相关例子）

（6）贵公司是否有协调供应链上下游企业活动的沟通平台？通过这些平台，是如何协调相关活动并促进企业自身成长的？（请补充关键事件和相关例子）

（7）贵公司在与供应链伙伴合作过程中，有哪些具体措施保障双方的信任合作？成效怎样？（请补充关键事件和相关例子）

（8）贵公司在与供应链伙伴合作过程中，投入了哪些资源来保障双方的合作关系？成效怎样？（请补充关键事件和相关例子）

（9）贵公司是否邀请过供应链合作伙伴参与过公司的管理活动？如营销决策、联合技术攻关等。哪些因素影响双方的关系以及合作成效？（请补充关键事件和相关例子）

（10）贵公司建立外部供应链关系过程中遇到过哪些关键问题，是怎么解决的？您认为企业构建供应链关系质量的最大挑战在什么地方，为什么？（请补充关键事件和相关例子）

（11）贵公司是否能够根据外部环境变化，调整相应的供应链关系？是如何进行调整的？采取了哪些具体措施？（请补充关键事件和相关例子）

（12）贵公司建立供应链关系之后，对公司哪些能力有所影响？是否促进了企业成长，原因是什么？（请补充关键事件和相关例子）

（13）供应链关系在公司的不同成长阶段有什么样的特征？对于公司的成长有什么的作用？（请补充关键事件和相关例子）

2. 调查问卷

第一部分　企业基本情况

1. 您的性别是：＿＿＿＿＿＿＿　（1）男性　　（2）女性

2. 您在公司工作的年限：＿＿＿＿＿＿

（1）1 年以下　　（2）1～3 年　　（3）3～5 年　　（4）5 年及以上

3. 您的职务：＿＿＿＿＿＿

（1）一般职工　　　　　　（2）基层管理人员

（3）中层管理人员　　　　（4）高层管理人员

4. 您的受教育程度：＿＿＿＿＿＿

（1）中专/高中及以下　　（2）大专　　（3）本科　　（4）研究生

5. 贵公司名称：＿＿＿＿＿＿＿＿（请填写）；所在地＿＿＿＿＿＿＿（请填写）

6. 贵公司所属行业：＿＿＿＿＿＿＿（请选择，若为"其他"请填写）

（1）电子与信息　　　（2）生物医药　　　　　（3）新材料

（4）先进制造　　　　（5）新能源与高效节能　（6）环境保护

（7）其他

7. 贵公司的员工总数：＿＿＿＿＿＿＿

（1）100 人及以下　　（2）101～300 人　　（3）301～500 人

（4）501～1000 人　　（5）1000 人及以上

8. 贵公司成立的年限：＿＿＿＿＿＿＿

（1）2 年及以下　　　（2）3～5 年　　　（3）6～8 年

（4）9～10 年　　　　（5）10 年及以上

9. 贵公司的销售总额为：＿＿＿＿＿＿＿＿＿

（1）4000 万元及以下 　　　　（2）4000 万元以上 4 亿元以下

（3）4 亿元及以上

10. 贵公司性质：＿＿＿＿＿＿＿＿＿

（1）国有新创企业（含国有控股）　（2）集体新创企业（含集体控股）

（3）民营新创企业（含民营控股）　（4）外资新创企业（含外资控股）

第二部分　供应链关系质量

说明：本调查主要对供应链关系质量进行研究，采用七分量表，分数从 1~7 依次递进，其中，1 表示完全不符合，2 表示比较不符合，3 表示有点不符合，4 表示一般，5 表示有点符合，6 表示比较符合，7 表示完全符合。请根据企业的实际情况在相应的选项上打勾，请不要遗漏。

供应链关系质量	完全不符合 ←→ 完全符合						
	1	2	3	4	5	6	7
信任							
1. 我们与供应商、客户相互信任							
2. 当生产或经营出现困难时，供应商、客户能够主动提供帮助							
3. 我们的供应商、客户具有良好的声誉							
承诺							
1. 我们希望能继续维持与供应商、客户的关系							
2. 我们愿意投入更多的金钱或精力来发展与供应商、客户的关系							
3. 我们希望与供应商、客户的关系会越来越稳固							
沟通							
1. 与供应商、客户及时、主动地提供对方所需的信息							
2. 与供应商、客户通过非正式途径交换信息，且比较频繁							
3. 对于影响与供应商、客户关系产生影响的问题十分了解							
合作							
1. 在产品设计方面与供应商、客户广泛合作							

供应链关系质量	完全不符合 ← → 完全符合						
	1	2	3	4	5	6	7
2. 在工艺设计方面与供应商、客户广泛合作							
3. 在预测和生产计划方面与供应商、客户广泛合作							
4. 能够共同解决合作中出现的问题							

第三部分　创新导向

说明：本调查主要对创新导向进行研究，采用七分量表，分数从1~7依次递进，其中，1表示完全不符合，2表示比较不符合，3表示有点不符合，4表示一般，5表示有点符合，6表示比较符合，7表示完全符合。请根据企业的实际情况在相应的选项上打勾，请不要遗漏。

创新导向	完全不符合 ← → 完全符合						
	1	2	3	4	5	6	7
1. 管理层非常重视创新							
2. 管理层强调为战略发展需要进行创新							
3. 管理层强调开发和利用新资源							
4. 我们积极地寻找创新的管理理念							
5. 我们愿意接受有研究成果支持的技术创新							

第四部分　市场导向

说明：本调查主要对市场导向进行研究，采用七分量表，分数从1~7依次递进，其中，1表示完全不符合，2表示比较不符合，3表示有点不符合，4表示一般，5表示有点符合，6表示比较符合，7表示完全符合。请根据企业的实际情况在相应的选项上打钩，请不要遗漏。

市场导向	完全不符合 ←→ 完全符合						
	1	2	3	4	5	6	7
1. 能够将客户需求融入产品设计中							
2. 经常调查商业环境的变化对客户的影响							
3. 当重要客户或者市场发生重大变化时，整个组织能在短时间内知晓这些信息							
4. 对客户产品或者服务需求的变化反映较为迅速							

第五部分　新创企业成长绩效

说明：本调查主要对新创企业创新性成长绩效、市场性成长绩效进行研究，采用七分量表，分数从 1~7 依次递进，其中，1 表示完全不符合，2 表示比较不符合，3 表示有点不符合，4 表示一般，5 表示有点符合，6 表示比较符合，7 表示完全符合。请根据企业的实际情况在相应的选项上打勾，请不要遗漏。

新创企业成长绩效	完全不符合 ←→ 完全符合						
	1	2	3	4	5	6	7
创新性成长绩效							
1. 来自新产品的销售额不断上升							
2. 来自新产品的利润不断上升							
3. 专利申请数量不断增加							
4. 新产品达到了预期的利润目标							
5. 我们比行业竞争对手更快地推出新产品							
市场性成长绩效							
1. 本企业产品的市场绩效销售额成绩显著							
2. 产品的财务收益超过了本企业的预期							
3. 产品市场化速度远胜于传统产品开发时间							
4. 产品市场化速度远胜于同行业其他企业							